美国小学主流科学教材

【美】杰伊·哈克特 等著
张 俊 邓小耶 等译
郝京华 审定

生物 4
Living Things

浙江教育出版社·杭州

本版特色

- 兼顾授受式学习内容和探究式调查活动。
- 采用5E（Engage参与，Explore探究，Explain解释，Extend/Elaborate拓展，Evaluate评估）研究型教学模式。
- 增加工程和设计流程的介绍。
- 培养21世纪技能，如创新创造能力、协作能力、沟通能力、批判性思维与解决问题的能力等。
- 用个性化的生动图像激发学生的学习兴趣。
- 根据知识深度等级体系（Depth of Knowledge，简称DOK）设计评价和测试。

注：原版书中，A单元、B单元表示该内容属于生命科学领域，C单元、D单元表示该内容属于地球与空间科学领域，E单元、F单元表示该内容属于物质科学领域。中文版对此予以保留。

Program Authors

Dr. Jay K. Hackett
Professor Emeritus of Earth Sciences
University of Northern Colorado
Greeley, CO

Dr. Richard H. Moyer
Professor of Science Education and Natural Sciences
University of Michigan-Dearborn
Dearborn, MI

Dr. JoAnne Vasquez
Elementary Science Education Consultant
NSTA Past President
Member, National Science Board and NASA Education Board

Mulugheta Teferi, M.A.
Principal, Gateway Middle School
Center of Math, Science, and Technology
St. Louis Public Schools
St. Louis, MO

Dinah Zike, M.Ed.
Dinah Might Adventures LP
San Antonio, TX

Kathryn LeRoy, M.S.
Chief Officer
Curriculum Services
Duval County Schools, FL

Dr. Dorothy J. T. Terman
Science Curriculum Development Consultant
Former K-12 Science and Mathematics Coordinator
Irvine Unified School District, CA
Irvine, CA

Dr. Gerald F. Wheeler
Executive Director
National Science Teachers Association

Bank Street College of Education
New York, NY

Contributing Authors

Dr. Sally Ride
Sally Ride Science
San Diego, CA

Lucille Villegas Barrera, M.Ed.
Elementary Science Supervisor
Houston Independent School District
Houston, TX

American Museum of Natural History
New York, NY

Contributing Writer

Ellen C. Grace, M.S.
Consultant
Albuquerque, NM

RFB&D learning through listening **Students with print disabilities may be eligible to obtain an accessible, audio version of the pupil edition of this textbook.**
Please call Recording for the Blind & Dyslexic at 1-800-221-4792 for complete information.

connectED.mcgraw-hill.com

STEM McGraw-Hill is committed to providing instructional materials in Science, Technology, Engineering, and Mathematics (STEM) that give all students a solid foundation, one that prepares them for college and careers in the 21st century.

Send all inquiries to:
McGraw-Hill Education
8787 Orion Place
Columbus, OH 43240

ISBN: 978-0-02-135614-0
MHID: 0-02-135614-9

Printed in the United States of America.

8 9 LMN 22 21 20 19 18

The American Museum of Natural History in New York City is one of the world's preeminent scientific, educational, and cultural institutions, with a global mission to explore and interpret human cultures and the natural world through scientific research, education, and exhibitions. Each year the Museum welcomes around 4 million visitors, including 500,000 schoolchildren in organized field trips. It provides professional development activities for thousands of teachers; hundreds of public programs that serve audiences ranging from preschoolers to seniors; and an array of learning and teaching resources for use in homes, schools, and community-based settings. Visit www.amnh.org for online resources.

译 序

一部好教材欲保持其生命力的重要举措就是要不断地与时俱进，要随着社会的变迁、学术的进步不断地吐故纳新。浙江教育出版社引进出版的《科学启蒙(第二版)》就是这样的一部好教材。

比较这套教材的两个版本，不难发现，第一版显然依据的是1996年美国颁布的科学教育标准。1996年的科学教育标准有三个重要特点：(1)明确科学教育的目标是培养所有学生的科学素养（美国曾经有过把培养科学家作为科学教育培养目标的历史）；(2)强调要把科学本身的实际做法，即科学探究也作为科学教育的内容；(3)将科学课程的内容按“生命科学、物质科学、地球与空间科学”三个领域加以划分。第一版的《科学启蒙》较好地落实了课程标准的这些理念。

第二版依据的是美国2013年颁布的《新一代科学教育标准（NGSS）》。和1996年课程标准相比，2013年的标准有三个显著变化。(1)将科学探究扩充为“科学与工程实践”，明显强化了运用科学概念解决实际问题能力的培养。(2)强调科学大概念。标准提出了判断大概念的4个原则：①具有学科的意义，具有跨越多个学科领域的广泛的重要性，或者是本学科中组织相关知识的关键概念；②具有解释力，能解释许多现象；③具有生成性，能为理解和探究更多的概念和解决问题提供关键的工具，与社会、家庭相关；④能从幼儿园到高中螺旋上升。(3)强调了学科间的融合，不仅是科学、技术、工程、数学的融合，还有科学、语文、数学的融合。

第二版的《科学启蒙》教材真的是在与时俱进。首先，它在继续强调科学探究的同时，大大强化了工程设计部分，不仅在各领域各章节中增加了运用相关知识解决实际问题的机会，还在“做一名科学家”版块增添了有关工程设计的“聚焦技能”。第二，在强调科学大概念方面，教材不仅在各章节都有科学大概念的明确标示，还在各章结尾之处增加了科学概念和技能的测评。第三，在学科融合方面，教材不仅强化了科学阅读（包括文和图）和科学写作的指导，还强化了数学意识和能力的培养。

《科学启蒙》这套教材还有一个突出的亮点就是它精彩的图片。大量有视觉冲击力的照片和灵动的排版为教材增色不少，让人爱不释手。

它山之石，可以攻玉。中国正在进行着课程改革，也正在努力地缩短与发达国家在教育上的差距，引进国外好的教材不失为一种有效的捷径。不同的群体都可以从《科学启蒙》这套教材中获益。它为教材编写者提供了一个如何将内容与活动结合的范例，它给予科学教师教学活动设计的启迪，它为语文老师提供了如何指导学生科学阅读和科学写作的策略，就连出版社也可以从中获得科学教材排版方面的启示。除此，作为一套学生的科学阅读的材料，它也是一个不错的选择。

只有站在巨人的肩膀上我们才可以实现弯道超车，才可以追赶上发达国家，才可以实现伟大的中国梦！国家如此，科学教育亦然，让我们共同努力！

小学科学课程标准研制组组长、修订组副组长
南京师范大学教科院教授 郝京华

生命科学

目 录

Contents

做一名科学家

A单元　生物

参考

探究活动

做一名科学家

埃特纳火山是欧洲海拔最高的活火山。

AMERICAN MUSEUM OF NATURAL HISTORY

科学方法

看一看，想一想

印度尼西亚的岛屿上有许多活火山。地球内部发生了什么，才使得这些火山灰和气体直冲云霄？

弗朗西斯卡在野外研究火山。

吉姆在实验室里研究火山。

探究活动

你对火山了解多少？

- 为什么有些山是火山？
- 火山喷发时，会发生什么？
- 为什么有些火山比其他火山喷发得更剧烈？

科学家怎样寻找这些问题的答案？

吉姆·韦伯斯特和弗朗西斯卡·辛托尼都是地质学家。他们在纽约的美国自然历史博物馆工作。地质学家是研究地球内部和外部活动的科学家。吉姆和弗朗西斯卡对火山充满了好奇，他们想要更深入地了解火山喷发的原因。

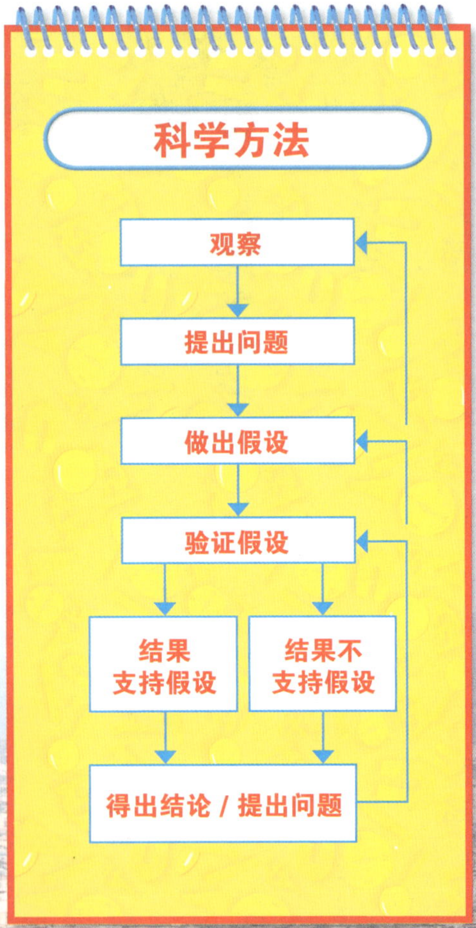

科学家会怎么做?

意大利的那不勒斯市有一百多万居民。这座城市时刻处在一座名叫维苏威活火山的阴影下。在过去的2000年中，这座火山喷发了很多次。住在意大利的弗朗西斯卡说：“它非常危险。”目前，她正在研究维苏威火山。

科学方法

吉姆和弗朗西斯卡想要了解引起像维苏威这样的火山喷发的原因是什么。为了找到答案，他们使用了科学方法。**科学方法（scientific method）**是科学家用来回答问题的一系列步骤和方法。这种方法帮助他们解释自然世界中的各种现象。科学家会按照科学方法建议的步骤进行研究。不过，对于特定研究，并不是每一个步骤都是必须的。

你可以在意大利那不勒斯市看到维苏威火山。它上一次喷发是在1944年。

提出问题

火山内部充满了熔融的岩石，即**岩浆**。岩浆一般存在于地下深处。有时岩浆中会存在气体，如水蒸气、氯气等。

岩浆从火山喷发出来后，就会形成熔岩。许多熔岩表面遍布小孔，这些小孔曾经是炽热岩浆中的气泡。

吉姆和弗朗西斯卡提出了问题：为什么有些火山比其他火山喷发得更剧烈？他们已经知道，水蒸气会影响火山喷发的剧烈程度。根据他们所掌握的知识，吉姆和弗朗西斯卡做出预测：某些其他物质也会影响火山喷发的剧烈程度。他们想测试的一个变量是氯气。**变量（variable）**是指在实验过程中可以被改变的要素。

做出假设

1. 提出多个“为什么”的问题。
2. 寻找重要变量之间的联系。
3. 对这些联系提出可能的解释。

▶ **确保这些解释能够被检验。**

做出假设

吉姆和弗朗西斯卡提出了一种假设。**假设（hypothesis）**是一种能被检验的，可以回答某个问题的表述。他们做出假设：如果岩浆中含有氯气，那么火山就会喷发得更剧烈。

弗朗西斯卡和吉姆想知道火山喷发如此剧烈的原因。

科学家如何验证他们的假设?

吉姆和弗朗西斯卡能在活火山中做实验吗？当然不能！但是，他们可以在实验室中做模拟实验。吉姆的实验室里有一台仪器，它能模拟火山深处的热量和压强。“我们正在尝试模拟地壳深处的温度和压强。”吉姆解释道。

选择实验方案

为了验证他们的假设，吉姆和弗朗西斯卡需要收集证据。他们决定做一系列实验。**实验（experiment）**是一种可以用来支持或推翻假设的科学检验。他俩设计了一系列实验来测试氯气对火山喷发的影响。

撰写实验计划

吉姆和弗朗西斯卡清晰地写下了他们设计的实验步骤。这样一来，不仅他们自己，其他人也可以重复他们的实验。为什么要这么做呢？因为好的实验可以多次重复。每次重复的结果越相似，这个实验提供的证据就越有力。

他们计划将定量的氯气加入火成岩样本中。氯气是这个实验中唯一的变量。在实验中可以人为控制变化的变量称为**自变量**。大多数实验一次只测试一个自变量。

一个好的实验也需要**控制变量**。在这个实验中，科学家计划控制每个样本的质量，环境中的压强和温度都相同。他们又是怎么知道氯气是否对火山喷发的剧烈程度产生影响了呢？他们认为岩石上小孔的数量能反映火山喷发的剧烈程度，因而记录了这些小孔的数量。这些小孔的数量就是本实验中的因变量。

这块火成岩上的这些小孔曾经是岩浆内部的气泡。

吉姆确保实验过程中的压强不会发生改变。

验证假设

1. 仔细思考可以用来验证假设的不同数据。
2. 选择最有效的方法来收集数据。
   - **操作实验**（在实验室里）
   - **观察真实环境**（在野外）
   - **建立和使用模型**（在电脑上）
3. 设计实验步骤，收集数据。

▶ **确保设计的步骤可以被其他人重复。**

收集数据

吉姆和弗朗西斯卡按照设计的实验方案，把碎石和水倒入多个小金属容器中，再加入不同数量的氯气，其中一个容器不加氯气。

弗朗西斯卡将这些密封的容器放进一个坚固的钢瓶里，然后使钢瓶内部升温并加压。实验时，钢瓶内部的温度比烤比萨的烤箱温度还要高 10 倍左右！

实验一周后，冷却钢瓶并将它打开。吉姆和弗朗西斯卡打开小容器，取出冷却的岩石并将其放在显微镜下观察，数清小孔的数量后再将数据记录下来。最后，他们按完全相同的步骤进行了重复实验，确保实验数据科学、可靠。

岩石粉碎成小颗粒。

科学家如何分析数据?

吉姆和弗朗西斯卡收集数据时，会很仔细地记录下他们所观察到的现象。他们观察不同氯气含量的容器中每块冷却的岩石，记录下这些岩石的小孔数量，然后以合理的方式整理所有数据。

▼助理实验员用电子显微镜观察每个样本。

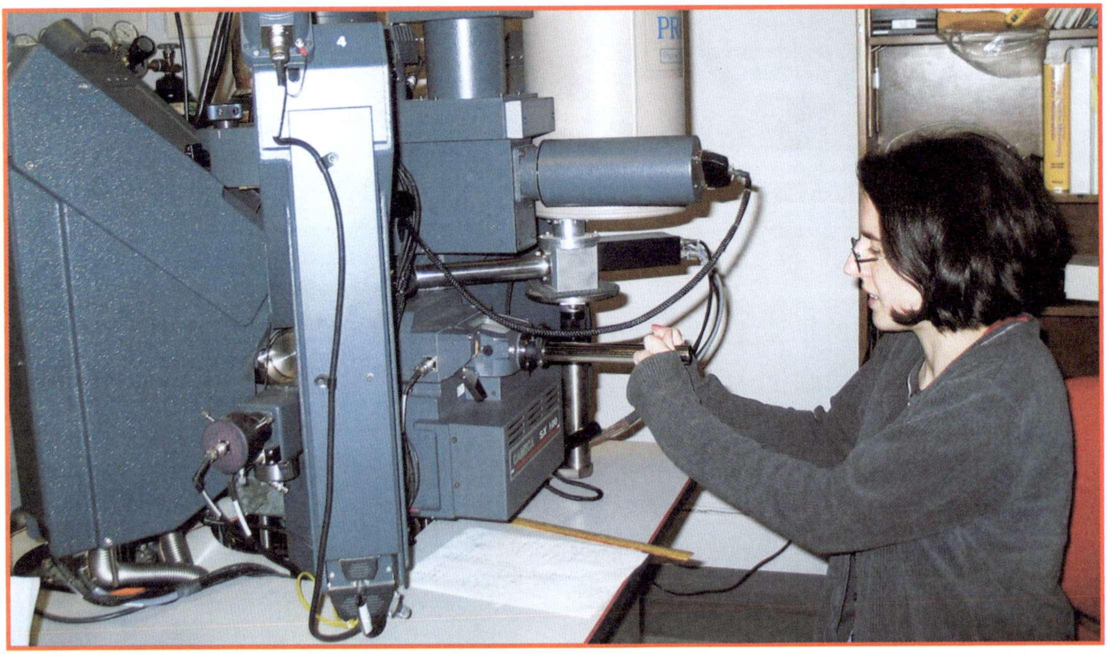

比较样本

样本 1

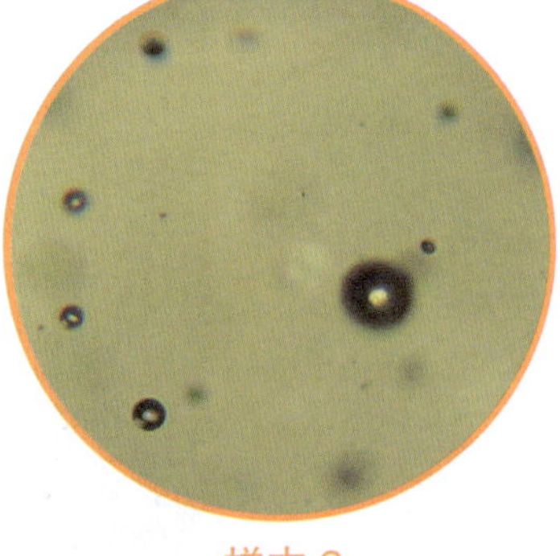

样本 2

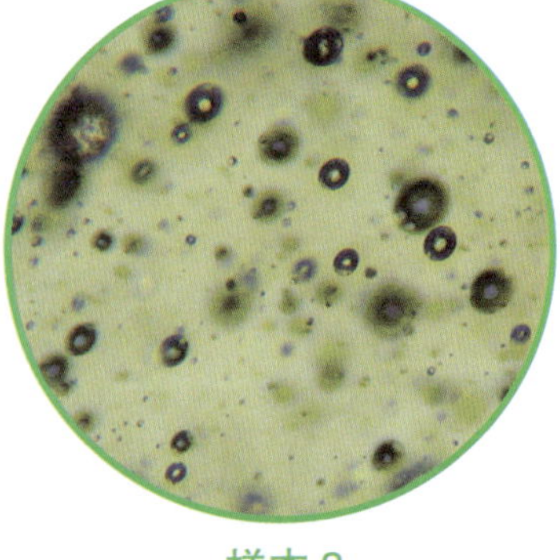

样本 3

数据表格

次数	温度	压强	氯气	气泡
1	920℃	200 MPa	0%	没有
2	920℃	200 MPa	0.8%	有一些
3	920℃	200 MPa	0.9%	很多

寻找规律

上面的表格呈现了吉姆和弗朗西斯卡的部分研究结果。总的来说，他们大约做了 50 次实验，每次实验都用了大约一周的时间。也就是说，他们花了快一年的时间来收集数据！

吉姆和弗朗西斯卡整理完所有的数据之后，开始寻找规律。这些数据反映了什么信息？样本中含有的氯气越多，冷却后的岩石上就有更多的小孔，而没有加氯气的对照岩石样本上，竟然一个小孔也没有。

分析数据

1. 将数据整理成表格、曲线图、地图等形式。
2. 寻找数据中所反映出来的假设中的几个重要变量间的关系。

▶ **通过将数据与其他来源的数据进行比较，来检查数据的可靠性。**

检查错误

在进行实验的过程中，吉姆和弗朗西斯卡检查了他们所有的步骤，确定实验过程的正确性。如果发现实验步骤有一点错误，那么他们就不能用此次实验得到的数据。错误意味着他们必须再次重复实验。

科学家如何得出结论?

现在，吉姆和弗朗西斯卡必须确定实验数据是否支持他们的假设。他们将实验结果与维苏威火山和其他火山喷发形成的喷出岩作比较。通过比较，他们可以得出结论。

岩浆里含有更多的氯气会导致火山更剧烈地喷发吗?“是的，会!”弗朗西斯卡给出了肯定的答案。

实验结果并不是每次都能支持待验证的假设的，这也许不算什么坏事。科学家在假设不被支持时，会寻找原因，他们还会用不同的方法进行新的实验，从而来验证假设。

有时候科学家会得出假设不正确的结论。这时，他们会提出新的假设，然后按照科学方法的步骤再次进行验证。

美国阿拉斯加的圣奥古斯丁火山

浮石是火山喷发后形成的一种岩石。

交流

吉姆和弗朗西斯卡会报告并分享他们的结论。这样一来，其他科学家就可以做同样的实验，并将他们的结果与前人的研究进行比较。许多科学家会分享他们的实验结果，以便其他人可以在他们研究的基础上做进一步探究。

提出新问题

一位科学家的实验结果可能会引出新的问题。吉姆想知道：氯气是否影响所有火山的喷发程度？还有什么气体也会影响火山喷发的剧烈程度？火山喷发时还会发生什么？

现在，吉姆在美国阿拉斯加研究圣奥古斯丁火山。和维苏威火山一样，圣奥古斯丁火山也是一座活火山，它在美国阿拉斯加库克湾形成了一个火山岛。

得出结论

1. 判断数据能否明确地支持假设。
2. 如果结果不够明确，重新考虑一下实验步骤。
3. 把结果写下来与他人分享。

▶ **确保能提出新问题。**

想一想，说一说，写一写

1. 为什么科学方法对科学家来说很有用？
2. 你还能想到其他哪些关于火山的问题？选择其中一个，做出一个可以被验证的假设。
3. 如果科学家收集的数据推翻了他们的假设，他们应该怎么做？

吉姆和其他科学家一起访问圣奥古斯丁火山，并开展了新的观测。

科学技能

科学家在运用科学方法的过程中，会用到许多探究技能。探究技能可以帮助科学家收集信息，并回答关于周围世界的问题。下面列举了所有科学家都会用到的一些重要探究技能：

▲ 从这张照片中，你能观察到松鼠的哪些特点？

观察 运用感官去认识物体或事件。

做出假设 为回答某个问题提出一个可以被检验的说法。

交流 与他人分享信息。

分类 将具有相似属性的事物分为一组。

处理数据 运用排序、计数、加、减、乘、除等数学方法来处理数据。

建立模型 用一个模型来表示某个事物或现象。

科学家会在开始实验前做出假设。

盒子 A	
预测	
天	观察结果
1	
2	
7	
10	

◀制作数据表是一种整理信息的好方法。

使用变量　找出可以控制或改变实验结果的某些条件。

解释数据　用收集到的信息来回答问题或解决问题。

测量　获知事物的大小、距离、时间、体积、面积、质量或温度等特性。

预测　预先推测事件或实验的可能结果。

推理　根据事实或者观察到的现象提出符合逻辑的观点。

实验　为验证假设进行一系列活动或操作。

实验中，使用变量对科学家来说很重要。▶

探究技能培养

在本书的每个章节中，你会看到一个“技能训练”专栏。这些专栏可以帮你练习科学家所需要的技能。

聚焦技能

科学和技术：设计过程

工程师遇到问题时，一定会设计一个解决方案。有时候，工程师会选择提出一种全新的解决方案；有时候，他们只需要改进现有的设计。

▶ 学习

你会怎样设计一座桥？使用**设计过程（design process）**可以帮助你设计出解决方案。

1. **确定并描述问题**
   要想解决问题，必须先理解问题。比如，建桥前需要思考你理想中的桥横跨的距离有多长，它能承重多少。

2. **提出解决方案**
   你提出的解决方案应该考虑到现实中的各种信息，比如，需要考虑已有的材料，以及你有多少时间可以来解决这个问题。

3. **建立模型**
   模型是一种小型或实际尺寸的物体复制品。建筑师和工程师常用模型来测试他们的设计。

4. **测试并修改设计方案**
   评价一项设计方案，需要解答以下问题：
   - 它起作用了吗？
   - 它还有哪些地方需要改进？

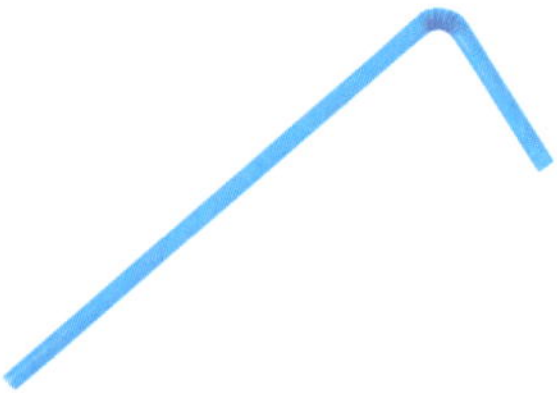

5. **解释方案**
   最后，与其他人交流你是怎样解决问题或为什么你的方案不起作用。大多数设计刚开始并不完美。在小组讨论时，以图片、表格等形式展示你的设计，请别人帮助你进一步完善解决方案。

▶ 尝试

材料 胶带、吸管、回形针、彩色卡纸、橡皮筋、硬币、塑料杯。

1. 根据前面的**设计过程**，利用教室中常见的材料搭建一座桥。你的桥梁可以搭在两张书桌之间，也可以搭在两摞书之间。请保证书或者课桌之间的距离大约是 0.5 米。这座桥必须能支撑起一个装有 20 枚硬币的塑料杯。
2. 在搭桥之前，请先画一幅图来说明这座桥的样子。给这张图起个名字，并列出需要用到的材料。
3. 建造你的桥。
4. 测试你的设计。它能否支撑起一个装有 20 枚硬币的塑料杯？
5. 如果这座桥不能支撑这个塑料杯，请改进你的设计方案，然后再试一次。
6. 向全班同学分享你的解决方案。

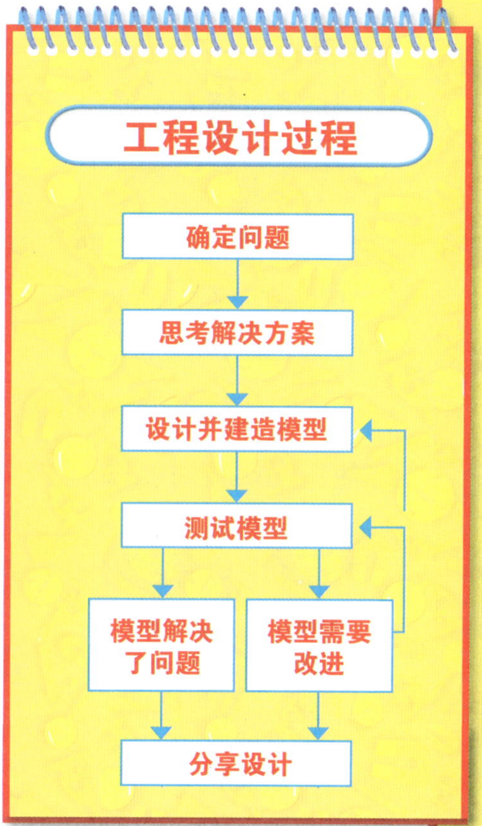

交流是设计过程的最后一个步骤。

▶ 应用

1. 你可以继续改进这座桥，使它能支撑起一个装有 40 枚硬币的塑料杯吗？
2. 比较你和其他同学在实验中遇到的问题，你们是否遇到了相同的问题？
3. 在你设计一座真正的桥时，为什么建立模型这个步骤很重要？
4. 在这个实验里，你是如何用设计过程来解决问题的？
5. 研究很久以前建造的桥，了解桥梁设计是如何随着时间而改变的，以及桥梁是如何改善人类生活的。

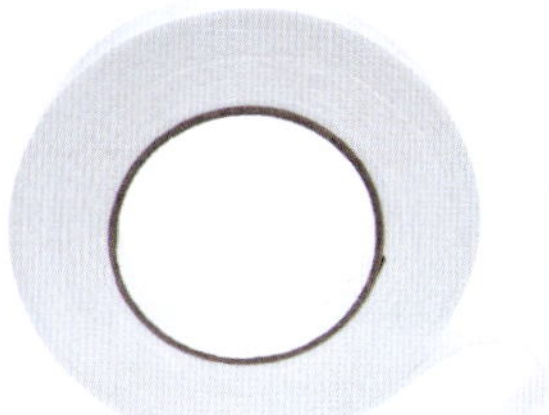

安全提示

室内

- 阅读所有操作指南，确保你已经完全理解。看见“△小心！”标志时，务必要谨慎。
- 请认真听从老师强调的安全守则。如果你有不懂的地方，应及时向老师寻求帮助。

- 活动开始前，用肥皂洗手。
- 使用电热板时要小心，特别要注意它的开关状态。记住，电热板电源关闭后，还会保持数分钟的热度。
- 如果你在做实验时需要使用一些脏乱或容易溅出的材料，请记得穿上实验服。
- 如果有液体不慎溅出，请立刻清理或寻求老师的帮助。

- 请按照老师的要求处理废弃物。
- 如果有器材损坏，应该立即报告老师。如果打碎了玻璃制品，不要自行清理，应报告老师，获取帮助。
- 根据老师的要求戴上护目镜。实验操作时，可能会用到一些固体或液体，为防止它们飞溅到眼睛里，请一定要戴上护目镜。

- 把头发绑好，把袖子挽起来，确保你的头发和衣服远离明火。
- 使用电器设备时，要确保手是干燥的。
- 实验过程中禁止饮食。
- 请按照老师的要求，把实验器材和设备放回原处。
- 活动结束后，将实验场所清理干净并用肥皂洗手。

室外

- 户外活动时找一位可信任的成年人陪同，可以是老师、父母或其他监护人。
- 没有得到成人的允许，请不要随意触摸动植物。因为有些动物可能会咬人，有些植物可能有毒。

责任 **请注意尊重生命、爱护环境和你的同伴。**

生 物

蜜蜂和花朵都是
由细胞组成的。

实践：设计解决方案

北美洲现存最大的啮齿动物是海狸。海狸生活在水里，水性很好。海狸的身体特征与它的生活方式是密切相关的。

海狸有许多特别的身体结构，比如有蹼的脚，宽宽的尾巴和大大的门牙。它们也有天生的本领，比如筑坝。对海狸来说，修建水坝能解决很多问题：水坝可以储水，还可以保护海狸和它的幼崽。

▶ 学习

通过书籍资料或网站来查找海狸筑的水坝和人类建造的大坝的图片。它们相比起来有什么共同点？不同的水坝有不同的用途吗？

▶ 设计

你的目标是在一个长方体塑料盒的一端建造一个“大坝”来储存 1 升水。和你的同学一起来想想，解决这个问题需要什么材料。

在白板上规划你们的实验，你的团队需要：

◆陈述问题

◆提出对策

◆确定所需材料

◆提供带有对策说明的绘图

▶ 尝试

使用身边的材料建造你的大坝，然后在盒子的一端倒入 1 升水，记录你观察到的现象。

▶ 应用

现在向全班同学展示你的解决方案。做完所有的演示后，和你的团队一起讨论，你学到了什么？你觉得还可以如何改进你的设计？

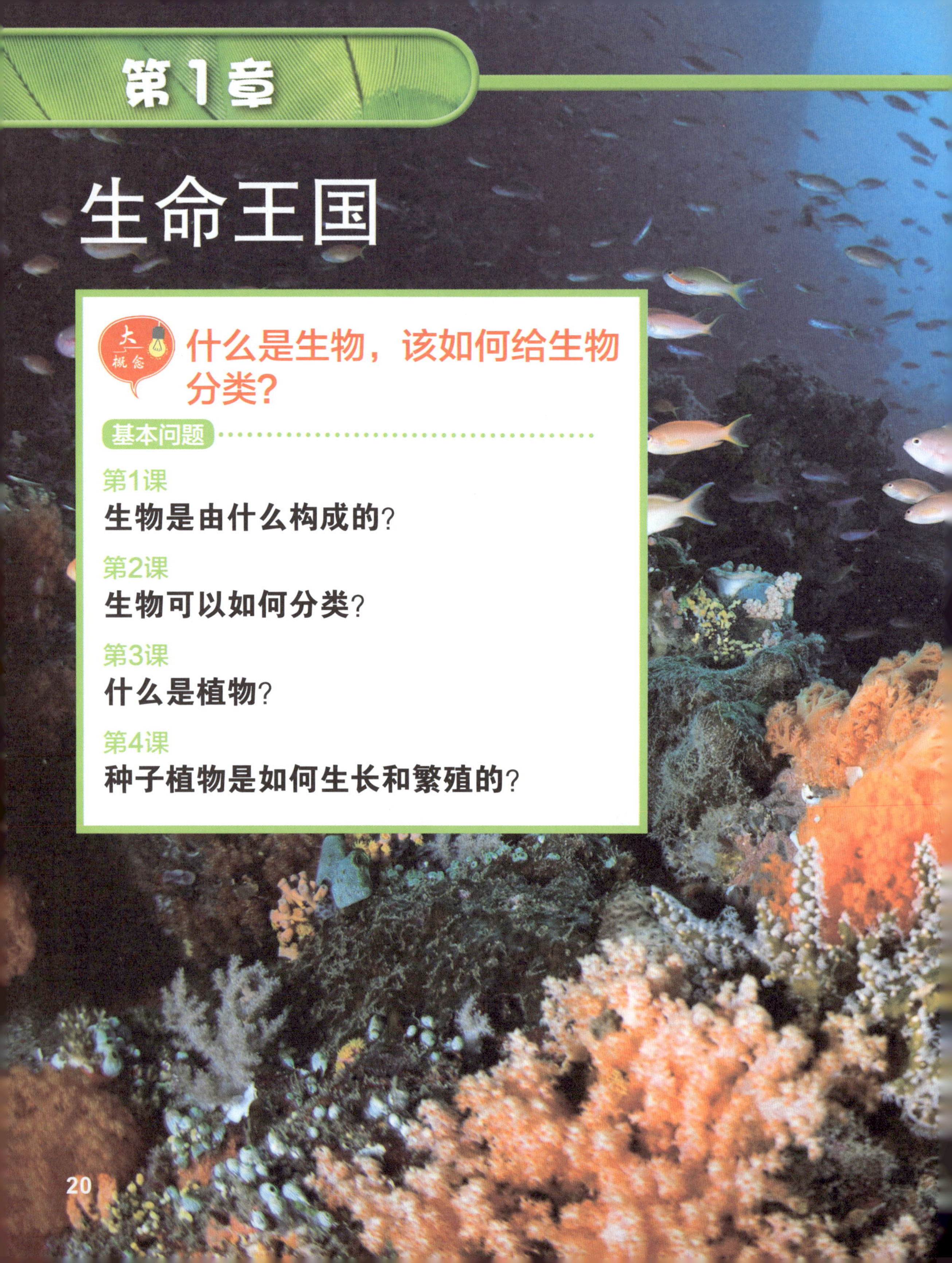

第1章

生命王国

大概念

什么是生物，该如何给生物分类？

基本问题

第1课

生物是由什么构成的?

第2课

生物可以如何分类?

第3课

什么是植物?

第4课

种子植物是如何生长和繁殖的?

核心词汇

细胞 生物体结构和功能的基本单位。

生物体 具有五种基本生命特征的个体。

特征 一种生物区别于其他事物的性质。

界 生物分类系统中的最高一级。

孢子 一些无种子植物中能直接发育成新个体的生殖细胞。

种子 可以发育成新植株的植物器官，包含种皮、胚和营养物质。

第1课

细　胞

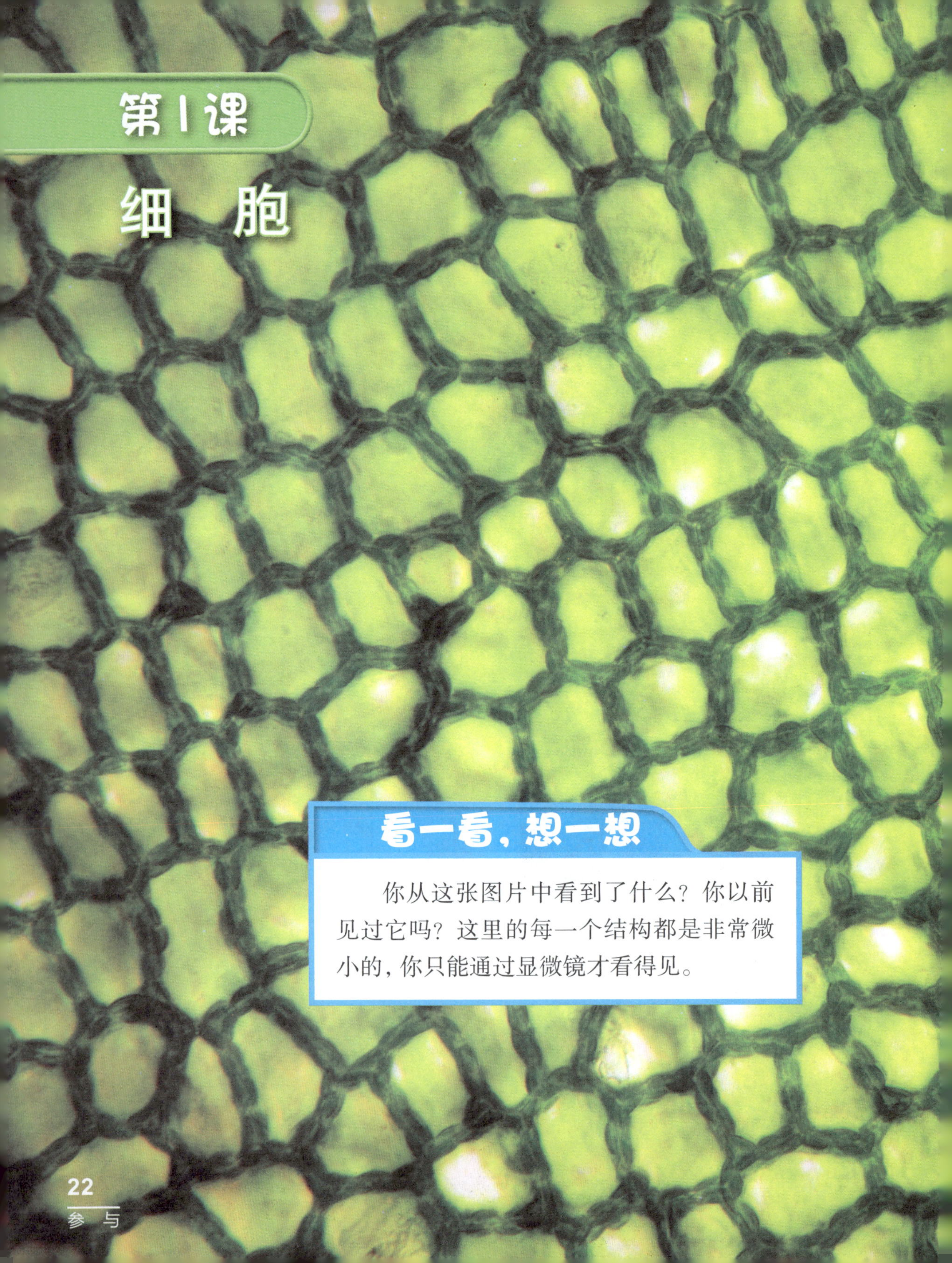

看一看，想一想

你从这张图片中看到了什么？你以前见过它吗？这里的每一个结构都是非常微小的，你只能通过显微镜才看得见。

探究活动

生物是由什么组成的?

活动目的

用不同的方法来探究植物的不同器官。

活动步骤

1. **推理** 画一颗洋葱，并标出它的各个器官。每一个器官对它的生存有什么帮助?
2. 请老师把洋葱纵向切开。在数据表中绘制并标记你所看到的内容。
3. **观察** 用放大镜观察洋葱的表皮和树叶。在数据表中绘制并标记所看到的内容。
4. 向老师要来准备好的装片。一个是洋葱表皮装片，另一个是树叶装片。在显微镜下分别用高倍镜和低倍镜观察它们，并在数据表中画下你观察到的样子。

得出结论

5. **交流** 当你用显微镜观察时，你有什么新的发现?
6. **解释数据** 洋葱的表皮和树叶看起来都是由什么组成的?

材料

- 洋葱
- 树叶
- 放大镜
- 准备好的洋葱表皮和树叶装片
- 显微镜

进一步探究

如果让你观察洋葱的根，你会看到什么？制订计划来验证你的想法，然后试一试!

读一读，学一学

基本问题

生物是由什么构成的？

词汇

细胞

氧气

生物体

组织

器官

系统

阅读技能

比对和对比

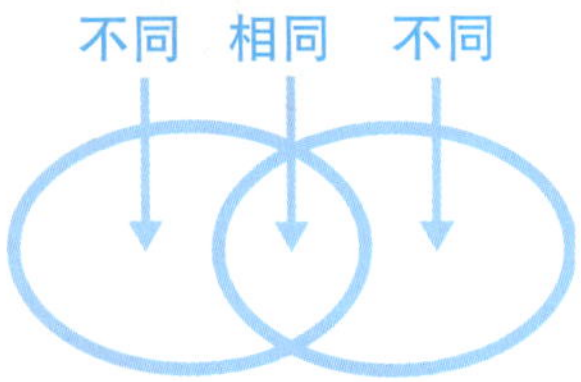

什么是生物？

你一定知道植物和动物都是生物。你是怎么知道的？首先，植物和动物都是由细胞构成的。**细胞（cell）**是生物体结构和功能的基本单位。蚂蚁和洋葱都是由细胞构成的。其实，你也是！

生物都需要一定的生存条件

一个生物也许有数百万个细胞，也许只有一个细胞。但不论如何，所有生物都需要水、营养物质和栖息地。大部分生物也都需要**氧气（oxygen）**—— 存在于水和空气中的一种气体。

生物都会繁殖

科学家用**生物体（organism）**来指代一切有生命的个体，它具有五种基本的**生命特征**。

生物体的其中一个生命特征，就是会壮大它们的种族。下图的鸟是北美红雀，小鸟是它们的后代。我们通常使用**后代**这个词来描述生物的幼体。壮大某一个种族，产生更多后代的过程叫作**繁殖**。

生物会繁殖。

生物会生长。

生物还有其他的特征

蛇长大了，它原来的皮肤就会脱落。并不是所有的生物都会蜕皮，但是它们都在生长和发育。

生物体是如何获得能量来生长的？通过利用营养物质！土拨鼠吃植物。植物会自己制造营养物质。当生物体利用完营养物质后，它们还会将废弃物清除出体外。从猫头鹰的粪便中我们可以清晰地看出它吃了什么食物。

还有一个特征，所有的生物体都会对环境的变化做出反应。为什么下图中的向日葵都是朝着同一方向的？因为和所有的植物一样，它们有向光性。

它是有生命的吗？

生命特征	蜥蜴	石头	汽车
它生长吗？	✓	✗	✗
它需要能量吗？	✓	✗	✓
它会排出废弃物吗？	✓	✗	✓
它可以繁殖吗？	✓	✗	✗
它会对环境的变化做出反应吗？	✓	✗	✗

读　表

你是如何识别汽车是否有生命的？

线索　看它是否完全具备生物的五大特征。

快速检测

比对和对比　植物和电脑有什么不同？

批判性思维　为什么人也是生物？

生物具有新陈代谢的能力。

生物可以利用营养物质获得能量。

生物可以对环境的变化做出反应。

如何比较植物细胞和动物细胞？

所有的细胞都有微小的结构来帮助它们存活。但是，并不是所有的细胞都是一模一样的。

植物和动物有一些相同的细胞结构，但植物细胞也有一些动物细胞没有的结构。

植物细胞有叶绿素

大多数植物细胞都有**叶绿体**。叶绿体中充满了一种叫作**叶绿素**的绿色物质。这种物质帮助植物利用太阳能来制造营养物质。动物细胞没有叶绿体，也没有叶绿素。

植物细胞有细胞壁

植物细胞有坚固的**细胞壁**。细胞壁把植物细胞包裹得方方正正的，像小盒子一样。动物细胞只有细胞膜，没有细胞壁，所以动物细胞看起来圆圆的。

① 细胞壁

这种坚硬的结构保护和支撑着植物细胞。

② 线粒体

营养物质在这里氧化后给细胞提供能量。

③ 叶绿体

植物细胞生产营养物质的部位。

④ 细胞核

细胞的控制中心，控制细胞生长等活动。

⑤ 染色体

载有细胞遗传物质的相关信息。

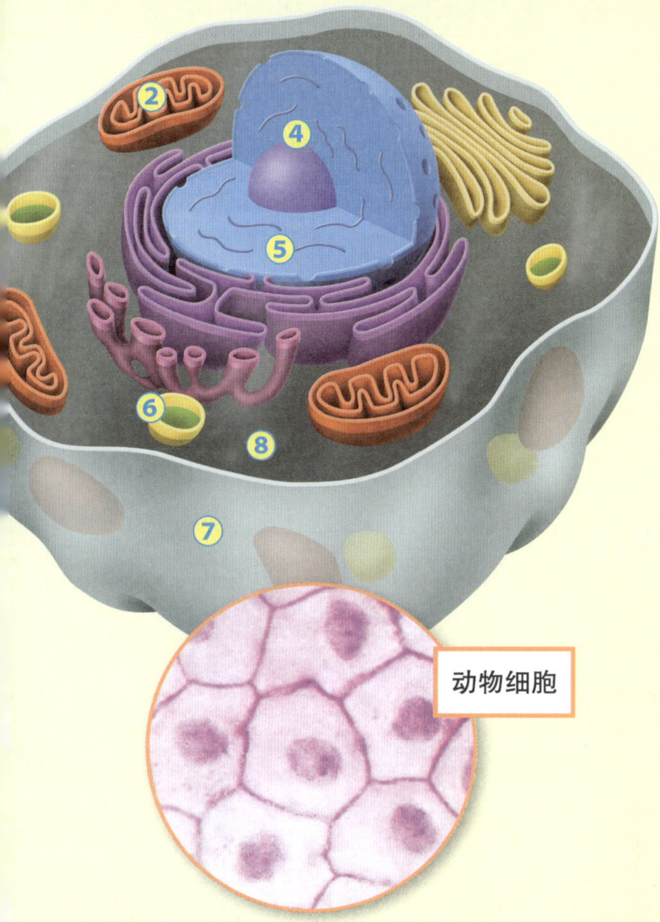

⑥ 液泡

这里储存营养物质、水和废物。一个植物细胞一般有 1 ～ 2 个大液泡，一些动物细胞则有很多个小液泡。

⑦ 细胞膜

细胞外一层薄薄的覆盖物。在植物细胞中，它位于细胞壁内。

⑧ 细胞质

一种类似果冻的物质，它充满了整个细胞。细胞质的主要成分是水，同时也包含了一些重要的化学物质。

细胞结构

	植物细胞	动物细胞
		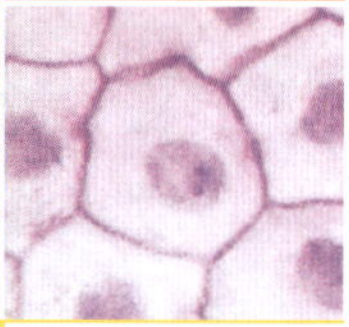
细胞壁	✔	✘
线粒体	✔	✔
叶绿体	✔	✘
细胞核	✔	✔
染色体	✔	✔
液泡	大	小
细胞膜	✔	✔
细胞质	✔	✔

读　表

植物细胞和动物细胞有什么相同之处，又有什么不同之处？

线索　阅读列表中细胞的结构，将植物细胞与动物细胞进行比较。

快速检测

比对与对比　细胞壁和细胞膜有什么不同？

批判性思维　细胞的哪一部分功能最像人的大脑？为什么？

细胞如何分类?

为什么你的心脏和皮肤如此不同?因为构成心脏和皮肤的细胞是不同的。当一个生物体有很多细胞时,细胞就会分工,去执行不同的任务。

例如,许多植物有根细胞,它们的任务就是吸收水分和无机盐。根细胞不能制造营养物质,因为它们没有叶绿体。植物体中有专门的细胞来制造营养物质。

动物的红细胞为体内其他细胞运送物质。红细胞的形状看起来就像是泄了气的皮球。红细胞的主要任务是将氧气运输到身体的其他细胞中。

神经细胞把信息从动物身体的一个部位传递到另一个部位。例如,当你想走路时,神经细胞把信息从你的大脑传递到你的腿上。然后你的肌肉细胞来帮助移动你的腿。

组成生物体的结构层级

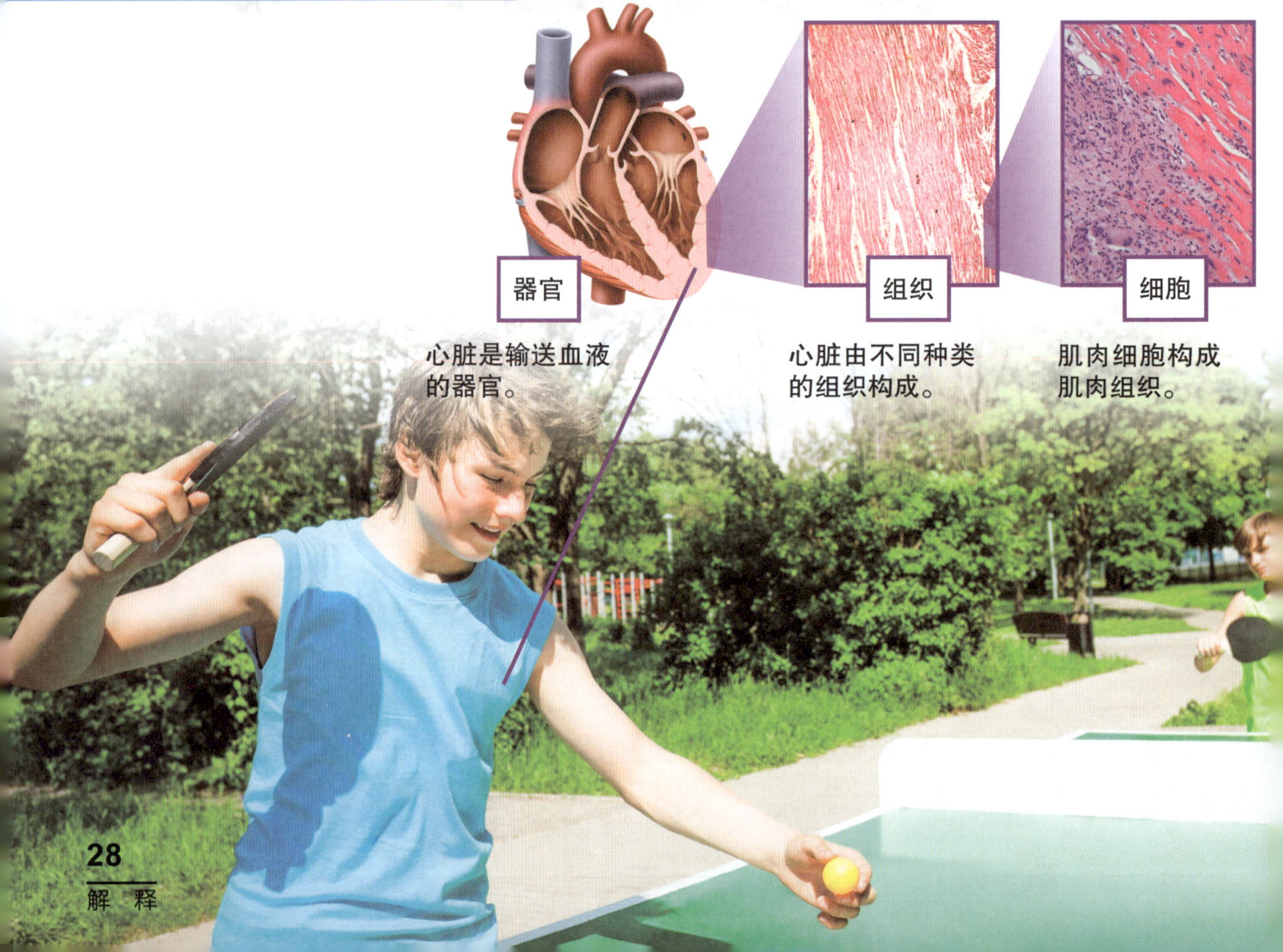

心脏是输送血液的器官。

心脏由不同种类的组织构成。

肌肉细胞构成肌肉组织。

细胞构成组织

在多细胞生物体中，具有相同任务的细胞聚集在一起。这些细胞群形成组织。**组织（tissue）**是一群功能相似的细胞，它们在一起完成同一项任务。

组织构成器官

组织也可以组合在一起。这样，就形成了一个**器官（organ）**。器官中的组织一起来完成一项任务。例如，你的心脏负责运输血液。

器官构成系统

器官在**系统（system）**中共同工作以履行生命功能。心脏是循环系统的一部分，循环系统把血液运输到身体的各个部位。

快速检测

比对与对比 器官和组织有什么不同？

批判性思维 为什么生物需要不同的器官？

迷你实验

细胞、组织和器官

1. 请每个同学代表一种动物细胞，并把代表的细胞名称写在卡片上，如脑细胞、神经细胞或肌肉细胞。
2. **建立模型** 把代表相同细胞的学生聚集在一起。比如，两个“神经细胞”应该聚集在一起。他们代表着神经组织。
3. 形成一个更大的群体来模拟器官。例如，所有代表“神经细胞”的学生组成一个小组。“脑细胞”学生也应该加入这个小组。
4. 请你尝试用类似的方法模拟系统。

怎样才能看到细胞?

有些物质太小了，用你的眼睛直接看是看不到的。大多数细胞都很小，而支原体是目前发现的所有细胞中最小的。

显微镜

大多数细胞需要借助显微镜才能被看见。显微镜的工作原理和放大镜类似，它使很小的东西看起来变大了。

科学家使用的显微镜比你使用的更加精准。有一些显微镜可以使一个细胞看起来大几十万倍。

显微镜也被用来研究病毒，病毒比细胞还要小。它会寄生在活细胞中，迫使活细胞产生新的病毒。

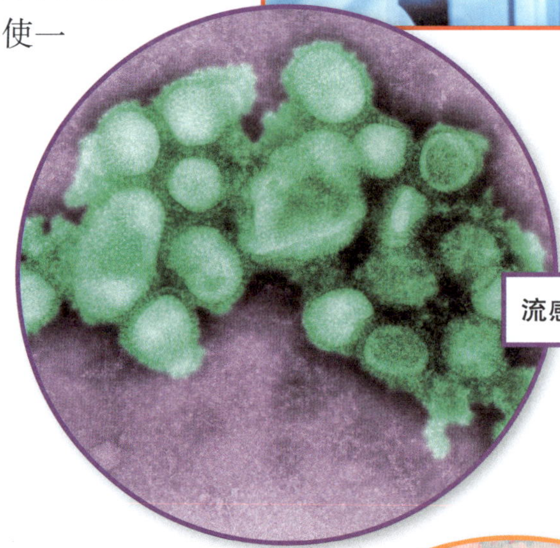

流感病毒

快速检测

比对和对比 放大镜和显微镜有什么相同之处？又有什么不同之处？

批判性思维 病毒是生物吗？为什么？

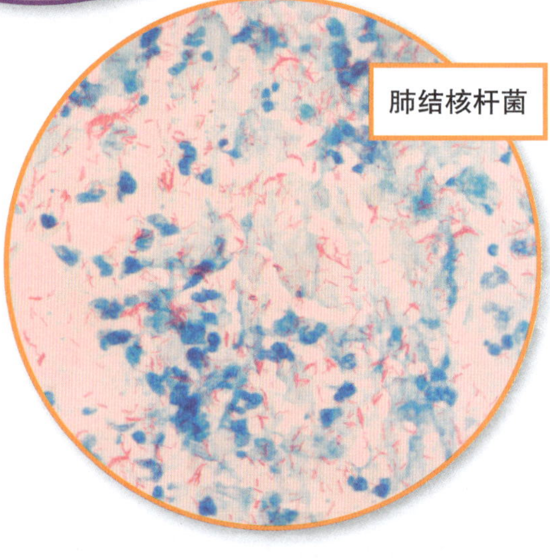

肺结核杆菌

课后回顾

摘要

生物多是由细胞构成的。细胞帮助生物体实现五种基本的生命特征。

植物细胞和动物细胞有一些基本结构是相同的。植物细胞有一些动物细胞没有的结构。

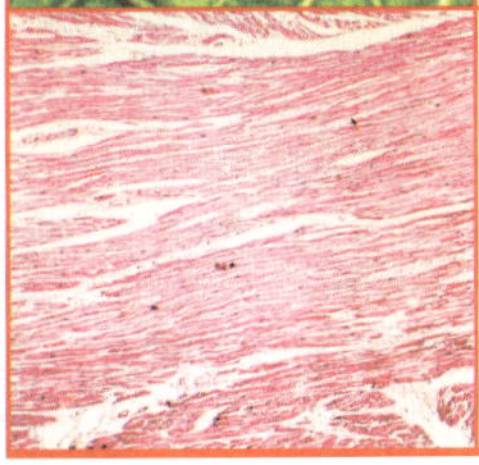

生物体可以以单细胞的形式存在。细胞可以形成组织、器官和系统。

制作

折叠式学习卡

制作折叠式学习卡来总结本课中关于生物的知识。

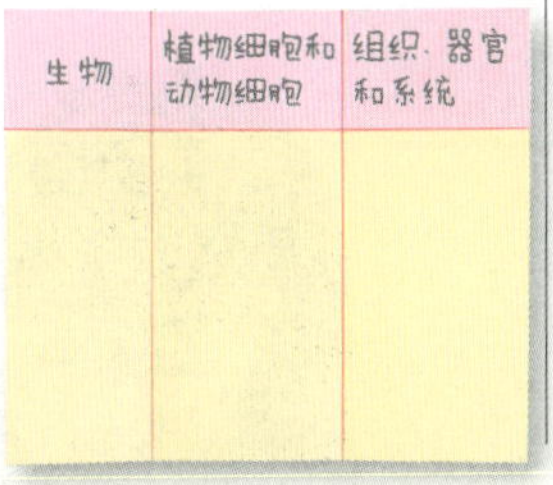

想一想，说一说，写一写

1. **词汇** ______是细胞活动的控制中心。
2. **比对和对比** 植物细胞和动物细胞有什么相同之处？有什么不同之处？

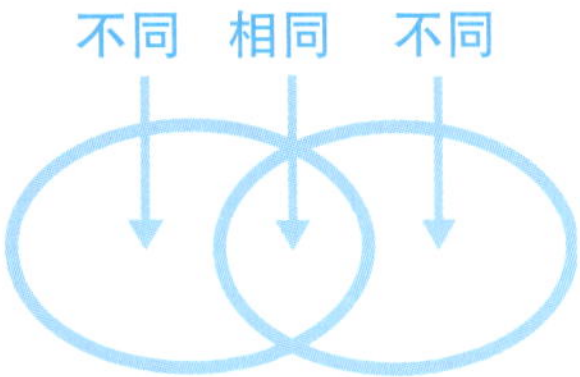

3. **批判性思维** 一个细胞可以成为生物吗？为什么？
4. **测试** 以下哪个结构只存在于植物细胞中？
   A 线粒体　　B 叶绿体
   C 细胞膜　　D 染色体
5. **测试** 大部分的植物细胞有什么共同特点？
   A 形状像盒子　　B 有小液泡
   C 做同样的工作　　D 是圆的
6. **基本问题** 生物是由什么构成的？

写作链接

写一个故事

从远处观察一个生物体，编写一个故事描述当你越走越近，直到它的细胞都清晰可见的过程。每次靠近，你会看到什么？

数学链接

估算

布波卡教授在显微镜高倍镜视野中看到38个细胞。如果她换用低倍镜观察，她看到的细胞数将是原来的5倍。在低倍镜下她能看到多少个细胞？

聚焦技能

探究技能：观察

你已经了解过生物体内的组织了。一个组织执行一项任务。植物有一个由导管组成的输导组织，可以将地下水运输到植物细胞中。科学家是怎么知道这个的呢？他们是通过观察知道的。

▶ 学习

在观察时，你可以用多种感官去了解你周围的世界。尽管科学家对植物已经有了很深入的了解，他们仍然在继续观察。

科学家一直在学习有关植物的新知识，他们记录自己的观察结果，以便与他人分享信息。他们试图通过观察来理解世界上的事物，你也可以！

▶ 尝试

在这个活动中，你将观察水在植物中是如何运输的，请记录你的观察结果。

材料 水、罐子、蓝色食用色素、勺子、芹菜茎、剪刀

1. 将 100 毫升水倒入一个罐子。滴几滴蓝色食用色素，用勺子搅拌均匀。
2. 用剪刀从新鲜芹菜根部以上剪去 3 厘米。把它插入装有水的罐子里，记录插入的时间。
3. 持续观察芹菜 30 分钟并做好记录。根据你的观察结果来描述水在植物体中是如何运输的。

▶ 应用

现在我们来观察水在其他植物体中是如何运输的。用一朵白色的花，比如康乃馨，来重复你的实验。记录你的观察结果并和同学们分享。

我所做的	我所观察到的

第2课

生物的分类

看一看，想一想

目前，地球上已知的生物数量已有数百万种。图片中的是哪一种？你是怎么知道的？

探究活动

生物是如何分类的？

活动目的

探究如何根据不同的特征给动植物分类。

材料

- 纸
- 剪刀
- 彩色记号笔

活动步骤

1. 选择十种不同的动植物。可以从你的身边选择，也可以从本书的图片中选择。为你选择的每种生物制作一张卡片。
2. **观察** 这些生物有什么相同之处？又有什么不同之处？你选择的动物有翅膀、喙或尾巴吗？你选择的植物有种子或花吗？做一个数据表，记录每一个生物体的特征。
3. **分类** 根据特征给你的卡片分组。这是科学家给动植物分类的一种方法。

得出结论

4. **观察** 每一组生物的特征是什么？做一个列表。
5. **预测** 你的分类方法是否适用于其他生物？想想看，还有哪些动物或植物可以加到这些分组中。

进一步探究

看看其他同学是如何给他们的生物分组的，和你的一样吗？其他同学利用的是哪些特征？与你的分组特征进行比较。

读一读，学一学

基本问题

生物可以如何分类？

词汇

特征

界

阅读技能

分类

生物是如何分类的？

你整理过衣服吗？你是怎么做的？你可能不知道，整理衣服也是物品分类的一种方式。**分类**就是把那些具有共同属性的东西收集在一起。

为了分类，你必须根据一种特征来定义组别。例如，你可以用颜色来给衣物分类。生物也可以依据特征来分组。

特征

为了给生物分类，科学家研究了许多特征。**特征（trait）**是一种生物区别于其他事物的性质。

科学家着眼于生物的外观以及它们获取食物的方式。如果生物可以移动，科学家就会观察它的移动方式。此外，科学家还研究细胞的数量，有无细胞核以及细胞成分等。

很多年前，科学家无法统一生物分类的方法。那时，人们经常使用不同的名称来描述同一种生物。随着时间的推移，一个统一的生物分类系统诞生了。

蘑菇是真菌，不是植物。
真菌不能自己制造有机营养物。

生物分类

界	古生菌	细菌	原生生物	真菌	植物	动物
细胞数	一个	一个	一个或多个	一个或多个	多个	多个
细胞核	无	无	有	有	有	有
有机营养物	自己制造或从其他生物体中获得	自己制造或从其他生物体中获得	自己制造或从其他生物体中获得	从其他生物体中获得	自己制造	从其他生物体中获得
是否会移动	是	是	是	否	否	是

读　表

古生菌和细菌与其他四个界的生物有什么不同?

线索　将表中内容逐列比较。

生物的六界分类

科学家把生物分为六个界。**界（kingdom）**是生物分类系统中最高的一级。一个界内的所有成员有着共同的基本特征。

植物有植物界，动物有动物界。单细胞且没有细胞核的生物又可以细分为两界，即古生菌界和细菌界，它们和其他生物有许多不同的特性。此外，还有***原生生物界***和***真菌界***。

快速检测

分类　你会把一个既不会自己制造有机营养物也不会移动的多细胞生物分到哪个界?

批判性思维　有些细菌能自己制造有机营养物。为什么不把它们归为植物?

同一界内的生物是如何分类的？

尽管看起来完全不同，松鼠和蜥蜴都属于动物界。为了进一步给动物分类，科学家把它们划分成更小的类别。

界的下一级分类是**门**。一个门的所有成员至少共有一个重要的特征，如都有脊柱。

门又被分为更小的类别——**纲**。每一纲又可分为许多**目**。目可再分为许多**科**。

右图中由大到小显示了这些类别的顺序。每一类别的成员数量越来越少。类别越小，其中的生物越相似。最小的类别是**种**。

界

动物界成员可以移动并且需要进食。

门

同一门内成员至少共有一个重要的特征，如都有脊柱。

纲

这个类别的成员都是哺乳动物。

目

这个类别的成员都有又长又尖的门牙。

松鼠是动物界的一员。

科

这个类别的成员都有一条大大的尾巴。

属

这个类别的成员都会爬树。

种

一个种只有一种生物。

蜥蜴和松鼠属于同一门，它们都是脊椎动物。

快速检测

分类 门和纲相比，哪一级的成员更多一些？为什么？

批判性思维 属于不同界的生物有可能属于同一门吗？为什么？

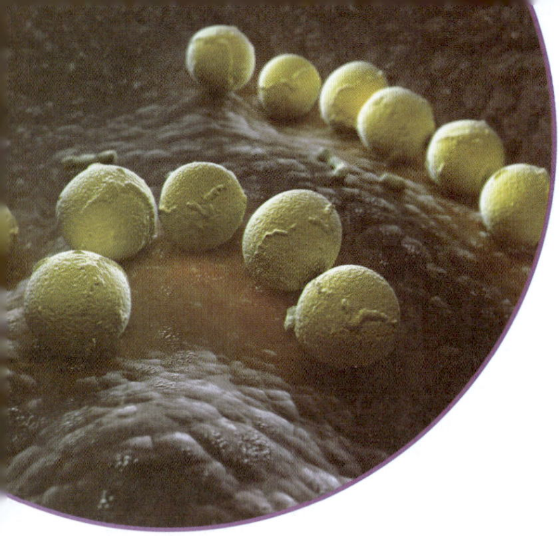

链球菌可导致喉部感染。

哪种生物体只有一个细胞？

我们周围到处都是微小的生物——虽然你可能根本看不见它们。它们在你吃的食物上，在你手中的书上，在你的身体内外。你也可以在池塘、湖泊、河流和海洋中找到它们。

这一类特别小的生物被称为**微生物**。微生物小到肉眼根本看不见。

细菌和古生菌

细菌和**古生菌**是非常小的微生物。它们没有细胞核。古生菌曾与细菌归为一类。一些细菌通过分解死亡的动植物来制造营养物，还有一些细菌可以自己制造营养物。

也许你听说过，有些细菌会导致感染和疾病。但也有些细菌是有益的。你的消化系统里有大量能帮助你分解食物的细菌。

酵母是一种真菌。

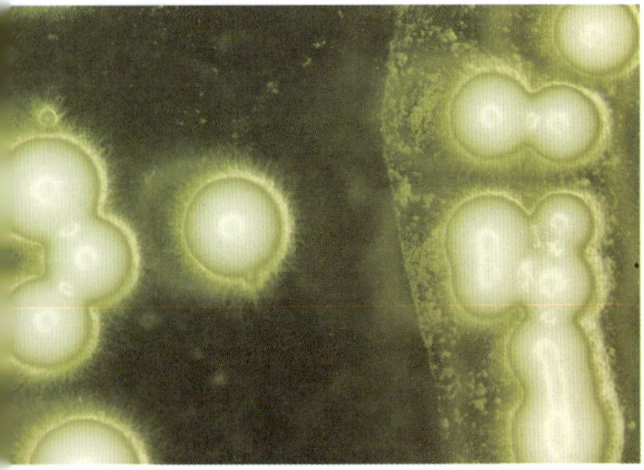

真菌

有些**真菌**是微生物。真菌具有动植物的双重特性。和植物一样，它们的细胞具有细胞壁。和动物一样，它们的细胞没有叶绿体，不能自己制造营养物。

酵母是一种真菌，通常用来做面包。它可以使面团膨胀。酵母只有一个细胞。有些真菌也有多个细胞。每一个真菌细胞都有一个细胞核。

真相 不是所有的细菌都会致病。

原生生物

原生生物也有细胞核，它们具有不同的结构来完成不同的工作。草履虫有特殊的结构，这种结构帮助它们从细胞内部排出多余水分。

一些原生生物，比如藻类，可以自己制造营养物质，但其他原生生物则通过环境中的其他生物体获得营养物质。

像细菌和真菌一样，大多数原生生物是无害的，许多甚至是有益的。原生生物是很多其他生物的食物来源。但是，一些原生生物也会导致严重的疾病，如疟疾。

草履虫细胞内部有多种结构。

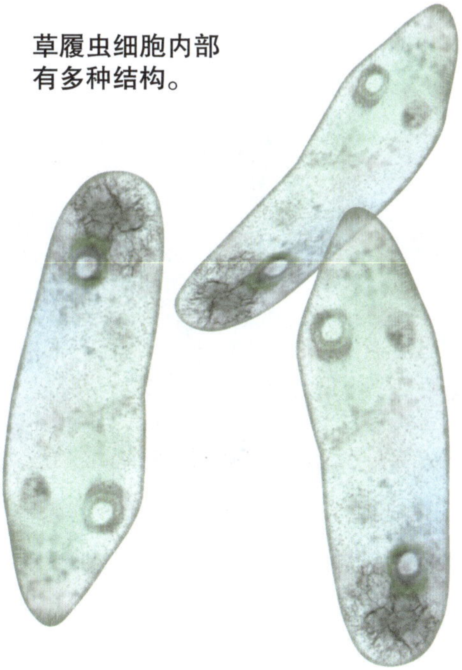

迷你实验

观察单细胞生物

1. **观察** 使用显微镜仔细观察装片上的生物。
2. **分类** 你观察的生物是单细胞生物还是多细胞生物，你是如何知道的？
3. 学校实验室里的显微镜放大倍数可能较低，你无法用它观察到细菌。那么，你认为你看到了哪种生物？

快速检测

分类 你是如何区分原生生物和细菌的？

批判性思维 怎样用显微镜观察细胞，才能有效识别生物？

生物是如何命名的?

科学家使用一种命名系统对生物进行分类，每一种生物都有自己的专有名称。这个名称由两个拉丁语词组成，第一个是它的属名，第二个是它的种名。通过使用这些名称，科学家可以识别和研究特定的生物。

科学家已经给地球上170多万个物种命名了，但还有很多的物种尚未命名！

属和种

狼和美国豺都属于犬属（*Canis*），狗也是这个属的。犬属的动物看起来很相似，它们都吃肉。但是，这个属的物种有不同的特征，颜色就是其中一个特征。红色的狼是红狼（*Canis rufus*），灰色的狼是灰狼（*Canis lupus*），美国豺是郊狼（*Canis latrans*）。

快速检测

分类 科学家是如何通过命名给生物分类的?

批判性思维 科学家应该怎样给一个刚被发现的生物命名?

给生物命名

犬属（*Canis*）

灰狼
（*Canis lupus*）

郊狼
（*Canis latrans*）

读 图

红狼是指一个属还是一个种?

线索 种是最小的分类单位。

课后回顾

摘要

	生物可以分为界、门、纲、目、科、属、种。
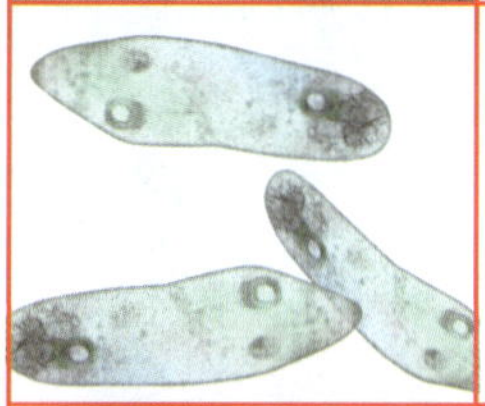	细菌、大部分原生生物和一些真菌都是单细胞生物。
	属和种可用于生物的科学命名。

制作 **折叠式学习卡**

制作折叠式学习卡来总结本课关于生物分类的知识。

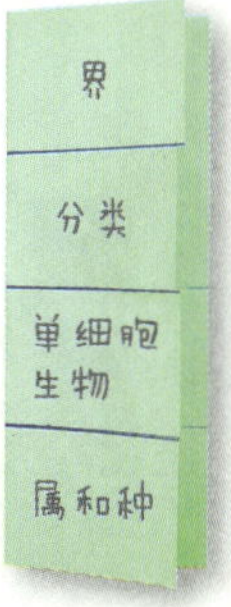

想一想，说一说，写一写

1. **词汇** 植物、动物、一些真菌以及________都是多细胞生物。
2. **分类** 许多小鸟都会吃玫瑰的种子，玫瑰(*Rosa rugosa*)属于什么属？什么种？

3. **批判性思维** 给有毒的生物分类为何能保护人的生命安全？
4. **测试** 下列哪项描述是正确的？
   A 界包含的生物种类最多
   B 门包含的生物种类最多
   C 目包含的生物种类最少
   D 界包含的生物种类最少
5. **测试** 哪一个界的生物都可以自己制造有机营养物？
   A 真菌　　B 原生生物
   C 细菌　　D 植物
6. **基本问题** 生物可以如何分类？

写作链接

写一篇短文

想一想猫有什么共同特征，写一篇短文来介绍猫和狗的不同。

数学链接

应用题

一个植物科中有四个不同的属，每个属内有三个种，这个植物科共有多少种植物？

赤潮

——海水变色的海洋灾害

你想去海滩度过一段美好时光，但是当你到达时，却发现海滩被关闭了。这时候，你注意到海水变成了一种奇怪的颜色，你只能把自己带的泳衣收好了，因为这个海滩正在受赤潮的侵害。

赤潮实际上并不是一种潮汐，它是海水中有害藻类大量繁殖导致的，这些藻类对海洋里以海藻为食的生物是有害的。赤潮发生的时候，海水并不总是红色的，有时是橘色的，有时是棕色或者绿色的。

赤潮的爆发

AMERICAN MUSEUM OF NATURAL HISTORY

赤潮的爆发会造成很大的危害。美国佛罗里达的近海发生过一次赤潮，仅在几个月内就造成了成千上万的鱼、蟹、鸟和其他小型动物的死亡，甚至还导致海牛、海豚和海龟等大型动物死亡。如果人们食用了受感染的贝类，也会生病。

科学家正在努力预测赤潮发生的时间和地点。他们测量海岸带附近藻类的数量，收集卫星数据研究风速和风向，这些信息有助于科学家预测赤潮可能在何处出现。通过预测，科学家会警告当地机构提前预防赤潮。

提示

- 推理需要利用你已知的信息。
- 列出论据来支撑你的推论。

写作

推理

1. 海滩被关闭了，海水呈现红色。据此你能推理出发生了什么吗？
2. 赤潮的预报对人们的生活有什么实际意义？

第3课

植物界

看一看，想一想

你有没有想过食物是从哪里来的？也许你会说：“超市！”那么超市里的食物又是从哪里来的呢？故事要从太阳和叶子说起。那么，叶子和制造食物有什么关系呢？

探究活动

叶子之间有什么不同？

做出预测

不同植物的叶子有什么区别？做出预测。

检验预测

1 **观察** 用放大镜来仔细观察两片叶子，你注意到了什么？

2 **交流** 用下列图表来记录你的观察，叶子之间有什么不同？

叶子特征	叶子 A	叶子 B
纹理		
颜色		
大小		
形状		

得出结论

3 **推理** 说出图表中两片叶子的不同特征各有什么作用，例如，你也许会推理出毛茸茸的叶子是用来收集雨水的，彩色的叶子是用来吸引昆虫的，记录你的想法。

进一步探究

这两片叶子有哪些共同特征？说出这些特征有什么作用，制订一个计划来验证你的想法。

材 料

· 两种植物的叶子
· 放大镜

读一读，学一学

基本问题

什么是植物?

词汇

根
根毛
茎
光合作用
气孔
蒸腾作用
呼吸作用
孢子

阅读技能

推理

线索	已知	推理

植物如何分类?

植物有不同的大小、形状和颜色。有些植物很小，小到你几乎看不到它，而有些植物则很高，可以和摩天大楼比肩。据统计，世界上一共有大约40万种不同的植物。

根据结构分类

有一种植物分类的方式是根据它们的器官或结构分类。科学家观察叶的形状、茎的种类和根的形状。某些植物没有这些结构。我们可以据此把植物分为两组：一组是有根、茎、叶的，另一组是没有的。

所有的植物都需要从土壤中吸收水分运输到细胞中，有根和茎的植物利用导管来输送水分。

苔藓植物和其他没有这种结构的植物是贴近地面生长的，它们不需要导管就可以直接从土壤中吸收水分。

苔藓植物没有根、茎或叶。

根据种子分类

吃苹果的时候，你会发现什么？苹果的核就是种子。如果你把这些种子种下，它们就会长成苹果树，然后这些树会结出更多的苹果和种子。

我们可以根据植物是否有种子来分类，多数你所熟悉的植物都是有种子的。事实上，多数有根、茎、叶的植物也都是有果实和种子的。

紫罗兰属植物有根、茎、叶。它们都是由种子发育而来的。

木贼属植物大约能长到一米高，它们的茎看起来像马的尾巴，它们同样也有根和叶子，但是它们没有果实和种子。那么它们是如何繁殖的？木贼属植物利用孢子来繁殖，其他一些有根、茎、叶的植物也可以利用孢子繁殖。

快速检测

推理 你发现了一株贴近地面生长的植物，它没有根、茎、叶，你认为它有种子吗？为什么？

批判性思维 想一想你喜欢的植物。你该如何根据已知的知识给它们分类？

木贼属植物有根、茎、叶，但是没有种子。

植物如何获取生长所需的物质?

大约 400 年前，一位名叫海尔蒙特的比利时科学家想要知道植物是如何满足自己的生长需求的。他在一盆土里种了一棵柳树幼苗，经常给它浇水。五年后，小幼苗长成了一棵小柳树，只有少量的土壤从盆里消失了。那么，植物到底是从哪里获得了生长所需的物质呢？

海尔蒙特得出结论，大部分生长所需的物质是从水中得来的。他在一定程度上是对的。大约 100 年后，科学家发现植物生长所需的大部分物质来源于**二氧化碳**——空气中常见的一种气体。

现在我们都知道，树木和其他绿色植物可以利用光能来制造有机营养物。这个过程中最关键的成分是水和二氧化碳。

海尔蒙特的实验

在实验中，海尔蒙特发现种植植物只消耗少量的土壤。

根的作用

根（root）从土壤中吸收水分和无机盐，它们也使植物牢牢地被固定在土壤中，有些根可以储存营养物质。

根部长有根毛（root hair），这是一种看起来像纤维一样细长的细胞结构。根毛吸收植物所需的水分和无机盐。

所有的根部都做着同样的工作，但是不同的植物有着不同类型的根：胡萝卜和蒲公英都有一条发达的主根，称为**直根**。小麦的**须根**则在地表附近延伸。

直根

须根

茎的作用

大多数植物的茎生长在地面上。植物通过茎（stem）来运输有机营养物、水分和无机盐。一些茎也可以支撑植物，使其直立不倒。

植物的茎一般有两种：大多数乔木和灌木都有木质茎，木质茎保护植物，并使其得到额外的支撑；较小的植物有绿色的、柔软的且可弯曲的草质茎，它们是依靠汁液的压力来支撑植物的。

木质茎很结实，但它们不能弯曲。

草质茎是柔软可弯曲的。

快速检测

推理 为什么大多数树都有木质茎而不是草质茎？

批判性思维 植物的根使得水分朝一个方向运输，为什么这种作用很重要？

为什么叶子很重要?

像所有的生物一样，植物也需要能量。动物通过饮食来获取能量，而几乎所有的植物都是自己制造养分的，大多数植物用它的叶来收集光能。

光合作用

植物利用光能将水和二氧化碳转化成有机营养物，这就是光合作用（photosynthesis）的过程。光合作用一般发生在植物的叶子中，当阳光照射到叶子上时，光合作用就开始了。

光能进入植物细胞后，由叶绿体内部的叶绿素吸收。当叶绿体有足够的能量时，就会发生变化，使水和二氧化碳反应生成糖或其他营养物质。这些细胞在进行光合作用时会释放氧气，动物则需要利用氧气来呼吸。

光合作用

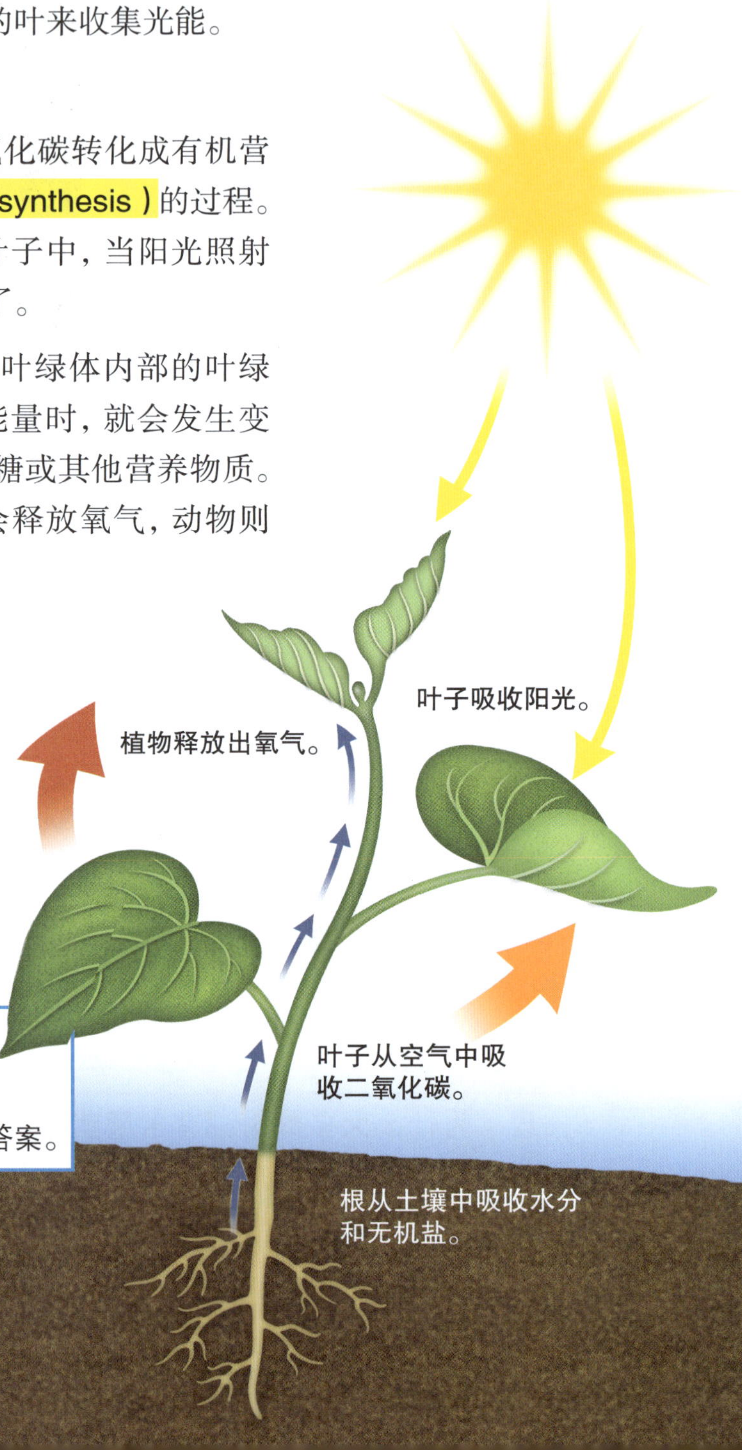

读 图

植物会释放哪种气体?

线索 沿着图中的箭头来找答案。

叶的结构

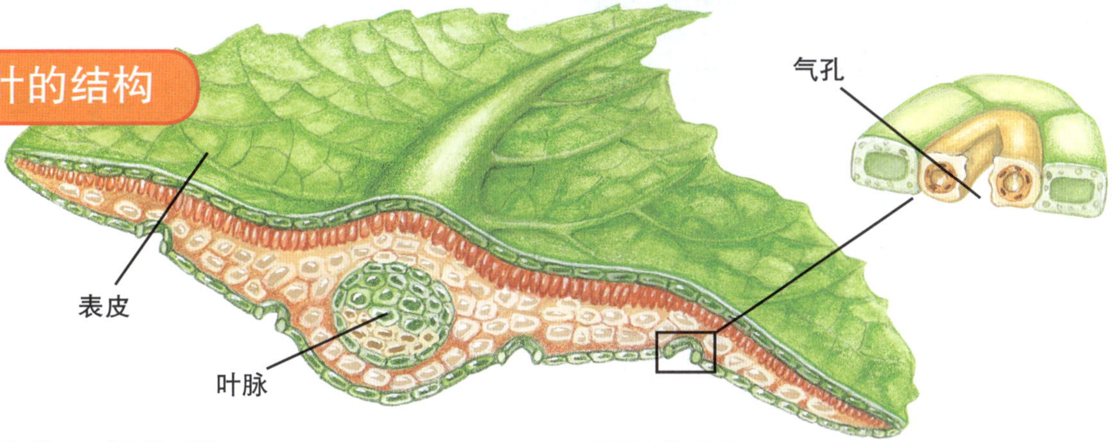

收集二氧化碳

叶子是从哪里获取二氧化碳进行光合作用的？在叶子的下表面分布着许多微小的孔，二氧化碳通过这些孔进入叶片。这些小孔被称为**气孔（stoma）**。

收集水分

植物的根从土壤中吸收水分，一些导管把水从根部输送到茎部，而**叶脉**则将水分输送到每片叶子上。

叶子有一层薄薄的覆盖物，可以把水储存在里面。这层薄膜叫作**表皮**，它会保护叶子，就像皮肤保护你的身体一样。

蒸腾作用

如果植物体内有足够的水，它的气孔就会保持开放，让水分散失，这个过程叫作**蒸腾作用（transpiration）**。如果水分不足，植物会关闭气孔，水分就留在了叶子里面。

呼吸作用

像所有生物一样，植物也需要能量，它们从自己光合作用生成的糖中获得能量。

叶脉把糖从叶子输送到植物的其他部分。在每个细胞内，线粒体分解糖，储存在糖中的能量被释放，这个过程叫作**呼吸作用（respiration）**。在呼吸过程中，细胞吸收氧气并释放二氧化碳和水。

呼吸作用在植物和动物细胞中都会发生，它也发生在原生生物、真菌和大多数细菌中。有些细胞不需要氧气也能分解糖。

快速检测

推理 为什么植物需要光合作用和呼吸作用才能生存？

批判性思维 沙漠植物经常在白天关闭气孔，这是为什么？

苔藓植物利用孢子繁殖。

什么是苔藓植物和蕨类植物？

在北美洲凉爽的森林里，地面是潮湿的，像绿茸茸的地毯。当你在这个“地毯”上行走时，感觉像是走在海绵上一样。如果你仔细观察，你会看到“地毯”上的“织物”，它们就是苔藓植物。仔细观察，你会发现蕨类植物有精致的叶子。

孢子

蕨类植物和苔藓植物都是无种子植物，它们不能利用种子来繁殖，但是它们可以利用孢子来繁殖。**孢子（spore）**是某些无种子植物的生殖细胞，能发育成新的植株。

孢子如何发育

产生孢子的结构是一种叫作孢子囊的囊状物，这种囊状物可以使孢子免受高温或干涸的影响。当孢子囊打开时，孢子被释放，它们在空中随风飘动，然后落到地上。

孢子落在潮湿的地面上可以长成新的苔藓或蕨类植物。像成年植物一样，孢子需要光和水分才能萌发。萌发的植物只要获得生长所需的物质，成年后就可以产生孢子了。

这棵蕨类植物的叶下表皮有孢子囊。

迷你实验

苔藓植物如何获得水分？

1. 把海绵切成不同长度的条状。

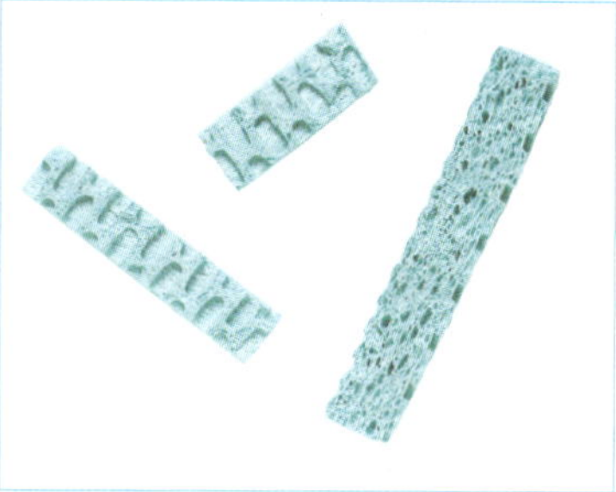

2. 把水分别倒进几个纸杯里，将海绵分别竖着放入一杯水中，有些海绵会比别的海绵立得高。
3. **观察** 水发生了什么变化？
4. 哪块海绵最早湿透？哪块海绵最晚湿透？
5. **推理** 你认为苔藓植物为什么长得这么矮？

快速检测

推理 苔藓植物和蕨类植物有什么相似之处？又有什么不同？

批判性思维 如果孢子被埋在土壤里，它能发育成新的植株吗？为什么？

植物对我们有什么用？

植物不仅为我们的世界增添美丽，为我们提供食物，同时在许多其他方面也很有用。

作食物的植物

如果你吃生菜和菠菜，那么你是在吃植物的叶子；如果你吃胡萝卜或甜菜，你就是在吃植物的根。芹菜和芦笋的食用部分是茎，西蓝花和花菜的食用部分是花，大米和豆类的食用部分是种子。也许你会认为所有的果实都是甜的，但西红柿和黄瓜其实也是果实哦！

作药物和其他用途的植物

人类在很久以前就开始利用某些植物作为药物了。今天，我们仍然可以找到许许多多源自植物的药材。

我们也会做木工来制作家具和玩具。植物还可以作为燃料燃烧，或用来做衣服。法兰绒和粗斜纹棉布都是用棉花加工生产的。

快速检测

推理 为什么植物学上认为黄瓜是水果而不是蔬菜？

批判性思维 有什么植物结构是人们没法利用的？为什么？

人们吃的植物

读 图

图片中哪些是果实？哪些是根？哪些是茎或叶？

线索 根据它们有无种子，是否具有根、茎、叶的特征来判断。

真相 许多蔬菜没有种子。

课后回顾

摘要

根据植物是否有根、茎和叶或是否有种子，可以对植物进行分类。

光合作用是植物在阳光照射下制造营养物质的过程，呼吸作用是把营养物质转化为能量的过程。

苔藓植物和蕨类植物是靠孢子繁殖的。人们用植物来制作食物、药品和衣服。

制作 折叠式学习卡

制作折叠式学习卡来总结本课关于植物界的内容。

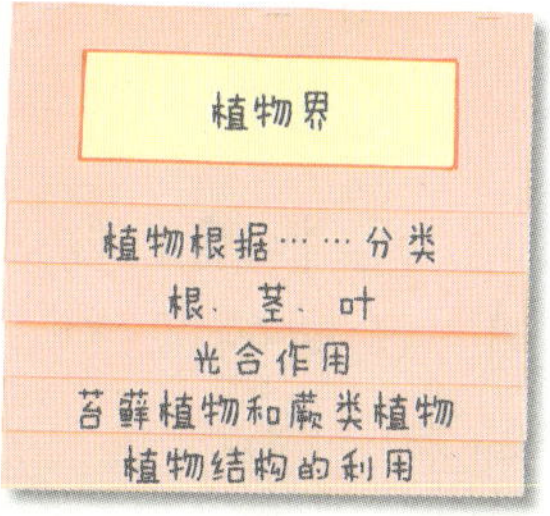

想一想，说一说，写一写

1. **词汇** 苔藓植物和蕨类植物利用__________繁殖。
2. **推理** 科学家比较睡莲和沙漠仙人掌的蒸腾作用强弱。你觉得哪种植物的蒸腾速率更高，为什么？

线索	已知	推理

3. **批判性思维** 为什么苔藓植物长得离地面这么近？
4. **测试** 植物的光合作用主要发生在哪个部位？
   A 木质茎　　B 叶
   C 根　　D 根毛
5. **测试** 光合作用不需要什么物质？
   A 光　　B 二氧化碳
   C 水　　D 氧气
6. **基本问题** 什么是植物？

写作链接

植物大餐

计划一顿大餐，食材至少包含四种不同的植物器官。描述每道菜的材料有哪些植物器官，为其中一道菜写一份菜谱。

艺术链接

光合作用图示

画一幅图来表示光合作用和呼吸作用的步骤，包括水、二氧化碳、氧气和阳光是如何参与其中的。

科学探究

材料

显微镜、根的装片

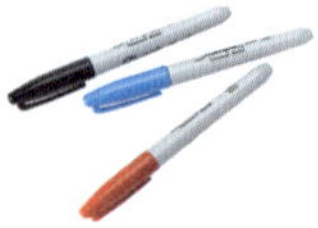

记号笔

水

2 个塑料罐

塑料膜

2 根橡皮筋

剪刀

带根的大葱植株

结构化探究

根毛是如何影响植物吸收水分的?

做出假设

大多数植物的根部都有根毛，它们帮助植物吸收水分和无机盐。根毛的数量会影响植物吸收的水量吗？把你的假设以“如果一种植物有更多的根毛，那么……”的形式写下来。

验证假设

1. **观察** 用显微镜观察根的装片，画出并描述根和根毛的形状。
2. **测量** 把 100 毫升水倒入两个罐子里，用记号笔标出水位。用塑料膜覆盖每个罐子，用橡皮筋固定塑料膜。
3. 在其中一个罐子的塑料膜上戳一个小洞，把一株大葱植株插进洞里，大葱的球茎和根部都应该在水面下，剪掉叶子的末端约长 3 厘米的部分。

4. 再拿另一株带根的大葱植株，用指甲把根毛从根部刮掉，重复步骤 3。
5. **观察** 每小时检查一次罐子并记录你的观察。注意罐子里的植物和水位的变化。

得出结论

6. **交流** 你的实验结果支持你的假设吗？为什么？
7. 当你观察根的装片时，你看到了什么？
8. **解释数据** 在此活动中，每个罐子的水位发生了什么变化？为什么？
9. **推理** 如果植物的根毛被昆虫破坏了，会发生什么？

指导性探究

直根和须根有什么不同？

做出假设

根的类型对植物吸收的水量有何影响？须根会比直根吸收更多的水分吗？做出一个假设。

验证假设

设计一个模型来说明根的类型是如何影响植物吸收水分的。在模型中使用课堂上常用的材料，写下你需要的材料和你将遵循的步骤。记录你的观察过程和结果。

得出结论

你的观察结果支持你的假设吗？为什么？

开放性探究

关于根，你还想了解什么？写出一个假设，然后设计一个实验来回答你的问题。

谨记 要遵循科学设计的过程。

提出问题 → 做出假设 → 验证假设 → 得出结论

第4课

种子植物的繁殖

看一看，想一想

你可以在海滩上找到像这样的椰子，椰子是如何在沙滩上成长为椰子树的呢？

探究活动

种子生长需要水吗?

做出预测

如果种子缺水，会发生什么？请做出预测。

检验预测

1. 在两个杯子里各放一张折叠的纸巾。将杯子并排放置并做好标记：在其中一个杯子上写上“加水”，另一个杯子上写上“不加水”。
2. 在每个杯子里的纸巾上放一颗豆子。
3. **使用变量** 缓慢地用小量筒向“加水”的杯子里的纸巾上倒水。注意水不要倒太多，让纸巾湿透就足够了。“不加水”的杯子里的纸巾请保持干燥。
4. **观察** 把两个杯子放在阳光充足的地方，保持“加水”的杯子里的纸巾湿润。连续十天每天观察豆子，把你的观察结果记录在表格里。

材料

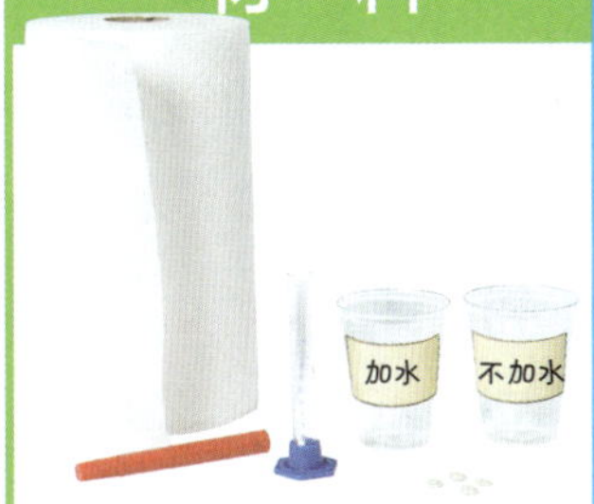

- 2 个塑料杯
- 纸巾
- 记号笔
- 青豆
- 小量筒
- 水

步骤 3

步骤 4

我的预测	发生了什么

得出结论

5. **得出结论** 把你的结果和其他同学的结果相比较，它们有什么相同之处，又有什么不同之处？
6. **推理** 你的预测是正确的吗？种子生长需要水吗？

进一步探究

种子生长需要阳光吗？写出一个假设并设计一个实验来验证它。

读一读，学一学

基本问题

种子植物是如何生长和繁殖的?

词汇

种子
繁殖
子房
授粉
受精
萌发
生命周期

阅读技能

预测

我的预测	实际发生的

我们该如何给种子植物分类?

你每天都会看到的植物有哪些？它们很可能都是种子植物。

许多草、树和其他种子植物都是从种子发育而来的。**种子（seed）**是一种可以发育成新植株的植物器官，它有外壳来保护内部的胚。

世界上大约有 25 万种种子植物。那么，我们应该如何对它们进行分类呢？你需要寻找哪些特征呢？

比较种子和结构

种子有各种形状和大小，你可以利用这些差异来对种子植物进行分类：西瓜有许多平整光滑的种子，桃子只有一颗又硬又圆的种子，樱桃籽小巧而表面光滑。

种子植物有根、茎和叶，这些结构在不同的植物体上可能看起来大不相同。我们也可以根据这些性质来给种子植物分类。椰子是一种巨大的种子，它来自椰子树，这些树又高又壮，有着木质的茎。西瓜和葡萄则长在藤蔓上。

条件适宜时，每一粒西瓜籽都可以发育成为一棵新的植株。

真相 自然界中，所有的水果都有种子。

鲜花和球果

我们还可以根据种子植物储存种子的位置来对它们进行分类。大多数种子植物都是先开花再结果的。它们的果实有厚厚的肉质组织来保护里面的种子，这类植物称为**被子植物**。

但是，你见过松果吗？松果来自一种针叶树。针叶树是一种没有真正的花和果实的种子植物，属于**裸子植物**。

没有果实，裸子植物将种子储存在哪里呢？裸子植物的种子长在球果表面。大多数裸子植物有雄球果和雌球果。雄球果一般比雌球果小。

雄球果产生一种叫作**花粉**的黄色粉末，一阵风就可以把花粉粒从雄球果吹到雌球果上。如果花粉落在雌球果上，就完成了授粉并会发育成种子。

针叶树的种子

读 图

哪一个松果是雌球果？哪一个是雄球果？

线索 较小的雄球果会产生花粉。

快速检测

预测 你的朋友给你一颗种子，它来自于一种不结果也不开花的植物。那么，这颗种子可能长成什么样的植物？

批判性思维 裸子植物能在没有风的情况下繁殖吗？为什么？

针叶树在寒冷的气候下也能长得很好。

种子是如何形成的?

请你想象一朵娇嫩的红玫瑰或一朵颜色鲜艳的郁金香。花可能看起来很漂亮，闻起来很香，但它们不能为植物制造营养物质。那么，花的作用是什么？

繁殖

我们已经知道，所有的生物都可以产生新的个体。繁殖（reproduction）是生物为延续种族，产生后代的过程。

被子植物利用花繁殖，大多数花都有**雌蕊**和**雄蕊**。雄蕊包括花药，花药产生具有雄性生殖细胞的花粉。花的雌蕊包括子房，雌蕊产生雌性生殖细胞或称卵细胞。子房（ovary）储存卵细胞。被子植物需要将雄性生殖细胞和雌性生殖细胞结合才能繁殖。那么，这两种细胞是如何结合的？

鲜艳的颜色和芬芳的花香吸引了蜜蜂。

授粉

一阵风能把花药的花粉吹到雌蕊上。通常情况下，植物更多地依靠鸟类、昆虫或其他传粉者来传粉。传粉者是把花粉从一朵花传到另一朵花的动物。例如，蜜蜂从花朵中吸取**花蜜**——某种含糖液体，如果蜜蜂碰到花药，花粉就会粘在它身上。在蜜蜂触碰下一朵花时，花粉会从蜜蜂身上掉落到雌蕊顶端。花粉传到雌蕊上的这个过程叫作**授粉（pollination）**。

受精

授粉的下一步是将雄性生殖细胞转移到子房内。花粉会刺激雌蕊形成一根长长的管道，雄性生殖细胞通过这根管道进入子房。在子房内部，一个雄性生殖细胞与一个雌性生殖细胞结合。此时，**受精（fertilization）**发生了。受精后形成的受精卵会逐步发育成种子。

花的结构

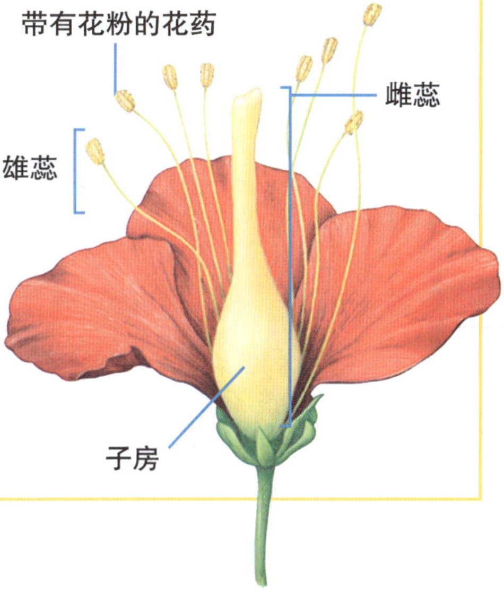

快速检测

预测 如果植物周围的传粉者减少，将会发生什么？

批判性思维 花蜜对植物和传粉者分别有什么好处？

迷你实验

建立一个种子模型

1. 制作一颗可以从树上落下的“种子”。你的目标是让“种子”落到尽可能远的地方。
2. **建立模型** 制作“种子”，确保它有一定的重量，比如和一个回形针差不多重。
3. **测量** 把“种子”从相同的高度扔下几次，每次都需测量并记录种子的传播距离。
4. 把你的结果和其他同学的结果比较一下，看看哪种设计效果最好？为什么？

种子是如何成长的？

每颗种子里面都有将来能发育成幼苗的胚和供胚发育所需的营养物质，它们被外层的**种皮**包裹并保护着。除了营养物质，种子萌发还需要水和适宜的温度。

在适宜的条件下，种子会发芽。首先，种皮裂开，根从裂缝中伸出来。然后，一根小茎向上生长，茎上再长出一两片叶子。这个过程叫作**萌发（germination）**。

幼苗是由种子发育而成的，它需要水、光和无机盐才能继续生长发育。

如果它的需要得到满足，幼苗就会一直生长，生长成熟后会繁殖下一代。

生命周期

对于一些植物来说，种子只需要几天就能成熟。而对另一些植物来说，却需要很多年。不管需要多长时间，所有的种子植物都会经历相同的生命阶段。

请看上面的示意图，它展示了浆果植物的生命周期。

一个**生命周期（life cycle）**包括种子萌发、植株生长、繁殖和死亡。**死亡**标志着植物生命的结束。一些植物的生长、繁殖和死亡仅在一个季节内就完成了。有一些植物，如一些针叶树，寿命可长达5000年。

当植物死亡时，它的生命就结束了，但生命周期并没有结束。种子植物会产生种子，长成新幼苗，延续生命周期。

种子的传播

种子需要一定的空间来发育，但是它们不能自己传播。像蒲公英之类的种子很容易被风吹走。还有一些种子表面多刺（如苍耳），可以附在动物的皮毛上。

许多种子植物会结出果实。当动物吃下它们的果实后，种子会通过动物的粪便排出来。然后，种子就可以在地上萌发。

快速检测

预测 如果没有动物，种子植物可能会发生什么？

批判性思维 松鼠经常把种子埋在地下以备过冬，这对新植物的生长有何帮助？

植物和它们的亲本株有什么相同之处和不同之处？

种子发育成植株后，看起来类似于它们的亲本株。例如，所有的毛地黄都有高高的茎和喇叭状的花。但是，后代植物并不完全是亲本株的复制品。

颜色、大小和形状都是可以遗传的。**遗传特征**是亲本株传给后代的某些性状。当来自亲本株的生殖细胞结合时，后代可能会具有与其亲本株相同或不同的特征。例如，后代花的颜色可能与它们的亲本株不同，它们也可能长得比亲本株高或矮。

毛地黄植物的花朵有不同的颜色。

这些树的后代看起来很像它们的亲本株。

繁殖更大的南瓜

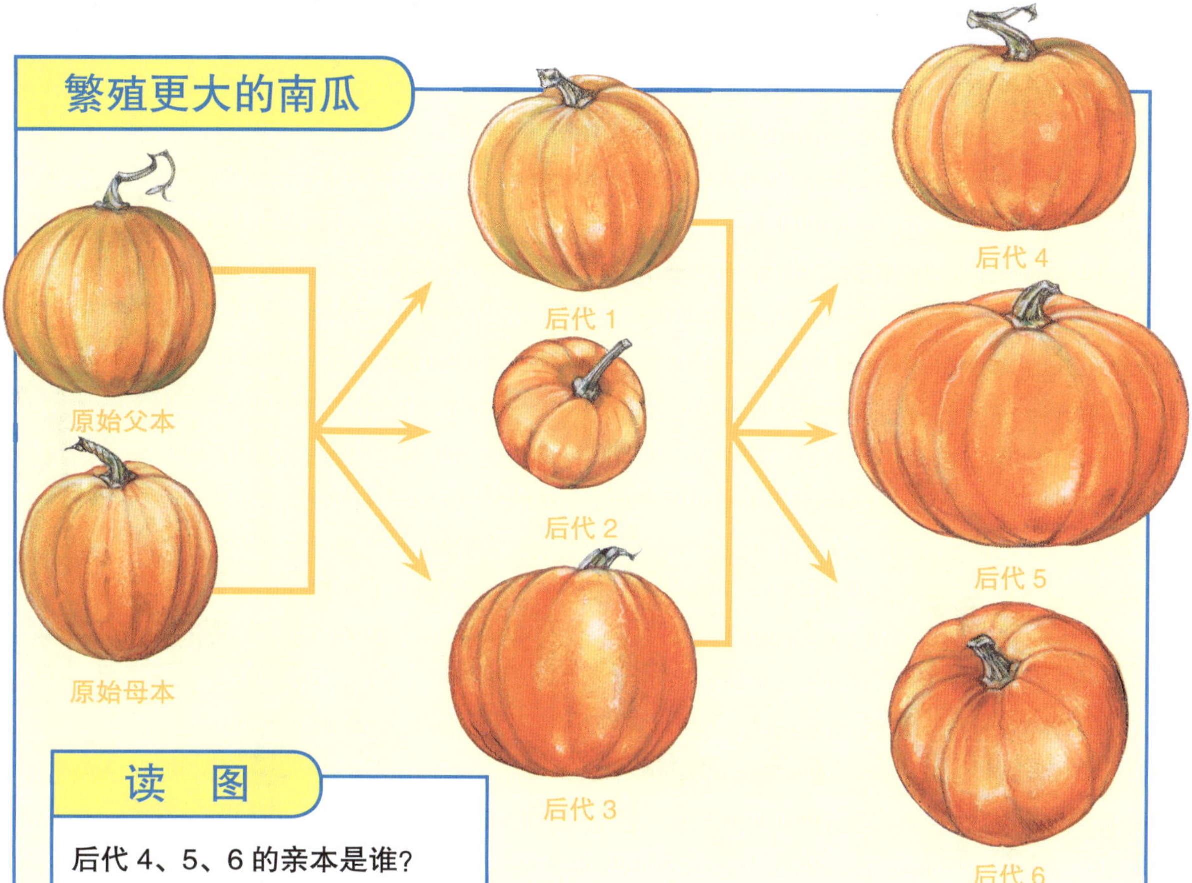

读　图

后代 4、5、6 的亲本是谁？

线索　追踪直线和箭头的方向。

选择特征

农民可以很好地利用遗传的特性。假如你想种一个大南瓜，你可以首先选择两株成年植株，这两株成年植株应该能产出数量很多的南瓜。然后你可以成为传粉者，将花粉从雄花传到雌花上。如果你选择其中两个最大的后代再次授粉，会发生什么？随着时间的推移，你会得到越来越大的南瓜。

一些农民会给植物人工授粉，使得种植的农作物具有人们喜欢的特性。比普通品种体形大的水果就是一个很好的例子。你还能想到其他的例子吗？

快速检测

预测　一个高的父本和一个矮的母本会生出什么样的后代？

批判性思维　如果你是一个农民，你打算如何生产更红的苹果？

植物的其他繁殖方式

匍匐茎

不是所有的植物都一定需要花、球果或孢子繁殖的。有些植物，如草莓，可以用匍匐茎繁殖。**匍匐茎**是沿着地面生长的茎，可以发育为新的植株。

扦插

扦插是用植物被修剪后的一部分产生新的植株。通常，可以掐下一片叶子或一根茎作为插穗。当一些植物的插穗被放入水中时，根就长出来了，然后插穗就可以发育成一棵全新的植株。

鳞茎和块茎

鳞茎是长在地下的茎，郁金香和洋葱是从鳞茎中长出来的。**块茎**是植物贮藏营养的部分，我们吃的马铃薯就是块茎。如果种下一个马铃薯，将会生长出许多马铃薯。

快速检测

预测 如果把一个马铃薯埋在土里，几周后会发生什么？

批判性思维 假设你想在一块地上种植草莓，但是没有草莓种子，你该如何种草莓？

无性繁殖

水仙花

绿萝

读 图

图中展示了植物的哪种繁殖方式？

线索 仔细观察植物是如何生长的。

课后回顾

摘要

种子植物有不同的分类方法，一般分为被子植物和裸子植物。

种子植物的生命周期包括授粉、受精和萌发等。

种子植物的后代从亲本株那里遗传部分性状。有些植物可以不依靠花、球果或孢子繁殖。

制作 **折叠式学习卡**

制作折叠式学习卡来总结本课关于种子植物繁殖的知识。

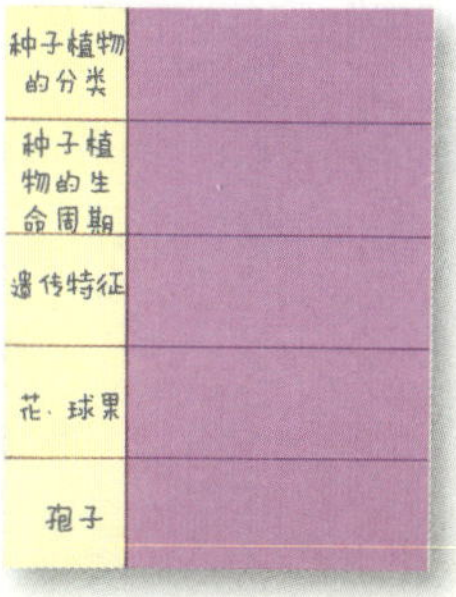

想一想，说一说，写一写

1. **词汇** 花粉从花药传到雌蕊的过程称为____。
2. **预测** 如果没有动物传粉者，一些被子植物将会发生什么？

我的预测	实际发生的

3. **批判性思维** 针叶树不结果实，这对针叶树的生长方式有什么影响？
4. **测试** 植物在什么地方受精？
   A 子房 B 花药
   C 种子 D 雌蕊
5. **测试** 花粉是在哪里产生的？
   A 子房 B 花药
   C 种子 D 雌蕊
6. **基本问题** 种子植物是如何生长和繁殖的？

写作链接

描绘植物

选择两种不同的种子植物，了解更多关于它们的信息。写一段关于如何区分它们的文章。

数学链接

应用题

一棵树能产生3000颗种子，松鼠埋了一半的种子。冬天，松鼠会找到并吃掉它们所埋藏的种子的一半，地里还剩下多少种子？

我和蒲公英

八岁的时候，爸爸带着我离开家乡去找新房子。我们在房地产经纪人的办公室外面等着。我开始摆弄生长在台阶边缘的蒲公英。想到离开老房子，我很难过，开始哭了起来。

“我打赌我能让你笑。”爸爸说。他手里拿着一个“气球”——一棵蒲公英。“狼在三只小猪的故事里做了什么？”他问。

“嗯，它气喘吁吁，气喘吁吁……”就像我说的那样，爸爸深深地吸了一口气，吹向蒲公英。蒲公英的种子像小白伞一样飘散开，还有一些被风吹走了。“看！它们也要去一个新地方。”我真的笑了起来。

“就像我们一样，它们会没事的。”爸爸接着说。于是我深吸一口气，吹了出去，把更多的蒲公英种子送去了新家。

提示

一篇好的个人叙事应该怎么写？

- ▶讲述一个关于个人经历的故事。
- ▶用第一人称（“我”）的观点来讲述作者的感受。
- ▶以合理的顺序讲述事件。

写作

个人叙事 想象一下你看到种子从一个地方传播到另一个地方的过程。写一篇关于这个事件的记叙文。说出你的感受。

科学中的数学问题

整体和部分

并非每颗种子都能发育成新植株，在植物产生的所有种子中，只有一小部分能生长。人们常用分数来表示整体的一部分。

不同植物能够发育的种子数量可能不同。假设向日葵和蓟各有 100 颗种子。其中$\frac{1}{4}$的葵花籽和$\frac{2}{5}$的蓟种子发育成了新的植株。在 100 颗种子中，哪一种植物长成的新植株更多？用示意图来找出答案。

提示

示意图可以用来比较分数的大小。

▲这个分数条表示$\frac{2}{5}$大于$\frac{1}{4}$。

实践

一个西红柿和一个青椒里各有 120 颗种子，$\frac{2}{3}$的西红柿种子发育成新植株，$\frac{2}{5}$的青椒种子发育成新植株。哪种植物产生的新植株更多？

第1章 复习和测试

摘要

第 1 课 细胞是生物体结构和功能的基本单位。

第 2 课 生物按界、门、纲、目、科、属、种分类。

第 3 课 根、茎和叶帮助植物获得水分和无机盐，支撑植物体，制造营养物质。

第 4 课 种子植物利用花、果实或球果来产生和保护种子。

制作 折叠式学习卡

如下图所示，整合折叠式学习卡来回顾本章所学内容。

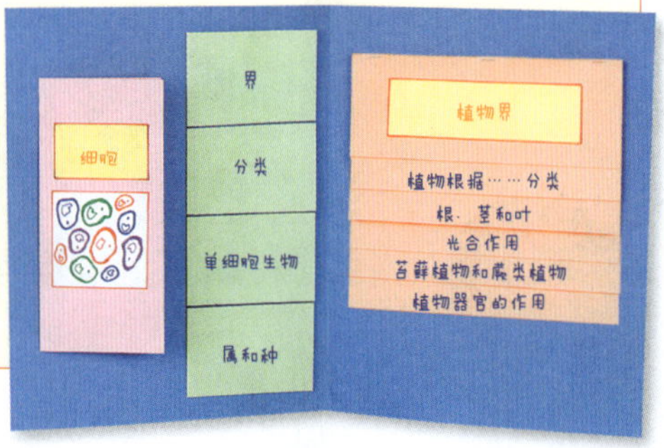

词汇

DOK 1

从下列词汇中选出最恰当的词进行填空。

细胞	繁殖
界	孢子
生命周期	茎
生物体	特征
光合作用	组织

1. 生物体结构和功能的基本单位是________。
2. 所有的生物都能通过________产生后代。
3. 植物通过________运输无机盐、水到整个植株。
4. 生物分类的最高级别是________。
5. 植物生长的各个阶段都是它________的组成部分。
6. 一起工作的一组相似细胞被称为________。
7. 能自己制造有机营养物是所有植物共同的________。
8. 植物在________期间利用阳光、二氧化碳和水来制造有机营养物。
9. 一些没有种子的植物可以通过产生________来繁殖新植株。
10. 任何能表现出五种基本生命特征的都是________。

科学技能和科学概念

DOK 2～3

请回答下列问题。

11. **分类** 有哪些方法可以给植物分类？

12. **观察** 在你的学校或家周围找一棵植物并详细描述它，包括它的外观细节。列出你观察到的这棵植物每个器官的功能。

13. **批判性思维** 如果你在显微镜下看到一个有细胞壁的细胞，你能推理出什么？解释你的答案。

14. **个人叙事** 分享你有关犬类动物的经历，并解释为什么这次经历是有意义的。

15. 请看下图中的胡萝卜，人们吃的是这种植物的哪一部分？

A 茎 B 果实 C 球果 D 根

16. **判断正误** *种子是生物*。这种说法是对还是错？为什么？

17. **判断正误** *门是大于纲的*。这种说法是对还是错？为什么？

18. **判断正误** *细胞核能使营养物质氧化并释放能量*。这种说法是对还是错？为什么？

19. **判断正误** *苔藓植物和蕨类植物用种子繁殖*。这种说法是对还是错？为什么？

大概念

20. 什么是生物，该如何给生物分类？

表现性评价

DOK 2

建立细胞模型

1. 用食物制作一个植物叶片细胞模型。请用不同的食物表示细胞的每个结构。
2. 确保你的模型具有叶细胞的特征，它的形状像一个盒子，而且是绿色的。标记细胞模型的各个结构。
3. 写一小段话来解释每个细胞结构的分工。

测 试

1 **观察下面这个苹果，果实是如何帮助植物繁殖的?**
DOK 1

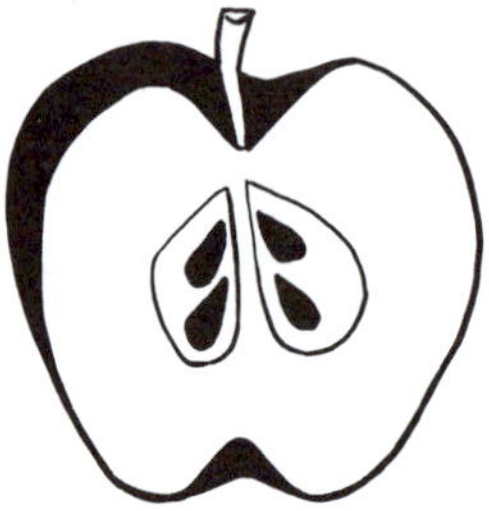

A 果实保护花粉
B 花粉通过果实传播
C 果实保护种子
D 果实保护孢子

2 **在某些方面蘑菇和植物是相似的，那么蘑菇和植物的区别是什么?**
DOK 2

A 蘑菇不能自己制造有机营养物
B 蘑菇不能从一个地方自己移动到另一个地方
C 蘑菇细胞没有细胞壁
D 蘑菇细胞没有细胞核

3 **下面哪种植物利用花朵繁殖?**
DOK 2

A 蕨类植物
B 苔藓
C 松树
D 无花果树

4 **下面有关所有生物的说法正确的是哪项?**
DOK 1

A 它们都有组织
B 它们都可以自己移动
C 它们都利用能量
D 它们都可以随意改变自身形态

5 **你的细胞包含哪个部分?**
DOK 2

A 细胞壁
B 叶绿素
C 叶绿体
D 细胞质

6 **鹅掌楸的什么特征最有可能会传给下一代?**
DOK 2

A 树皮上的一个疤
B 黄色的花
C 病叶
D 断了的树枝

7 下列图中哪一个最像植物细胞的模型?
DOK 2

A

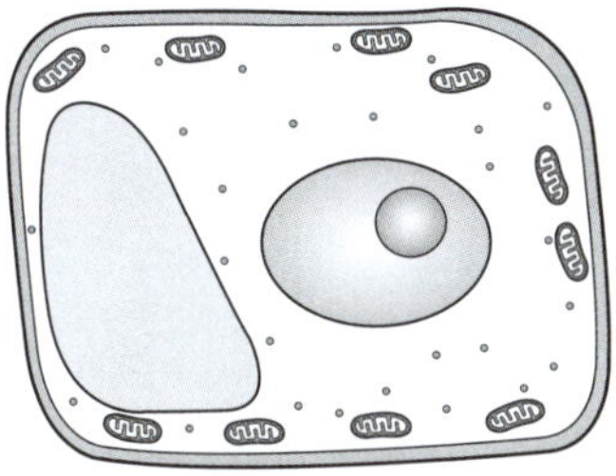

B

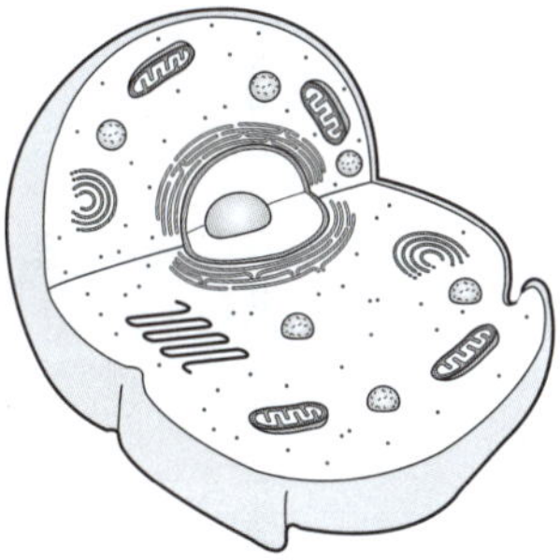

C

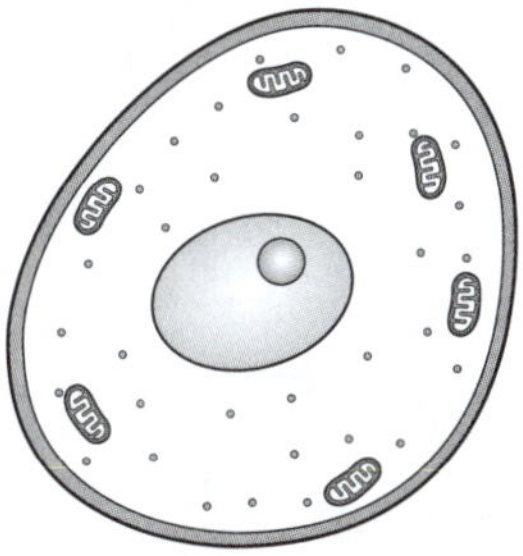

D

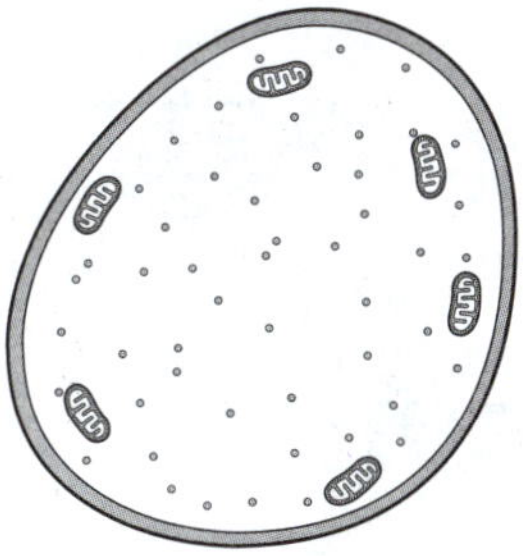

8 下图显示了浆果植物的生命周期。

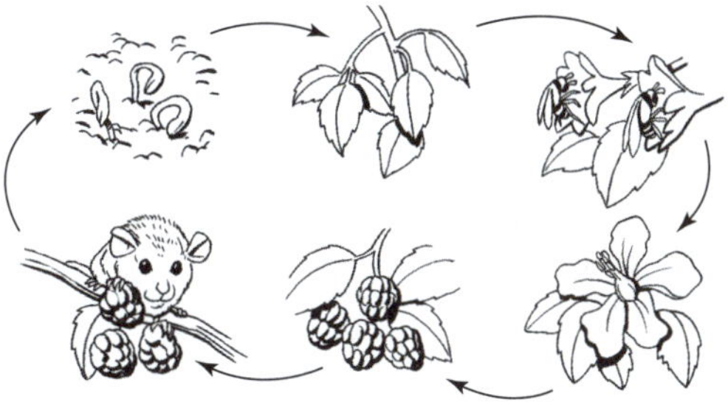

A部分

蜜蜂和老鼠在浆果植物的生命周期中扮演着不同的角色。描述这两种动物帮助浆果植物完成生命周期的两种方式。
DOK 2

B部分

假设将蜜蜂或老鼠从环境中移除,浆果植物会受到什么影响?为什么?
DOK 2

检 查

问题	对应页码	问题	对应页码
1	62~63	5	26~27
2	36~37，40	6	68~69
3	54，62~67	7	26~27
4	24~25	8	64~67

第 2 章

动物界

动物之间有什么不同?

大概念

基本问题

第1课

如何比较动物?

第2课

哪些动物有脊柱?

第3课

身体系统如何帮助动物生存?

第4课

动物是如何生长和繁殖的?

大概念

核心词汇

无脊椎动物　没有脊柱的动物。

脊椎动物　有脊柱的动物。

运动系统　由肌肉、骨骼和关节组成，帮助身体活动的系统。

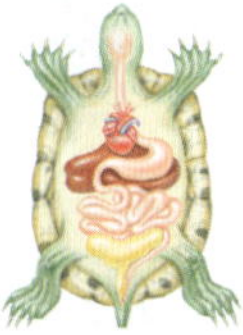

消化系统　把食物分解并吸收的系统。

变态发育　幼体和成体有巨大差异的发育过程。

遗传　亲代将特征传给后代的现象。

第1课

无脊椎动物

看一看，想一想

有一个谜语：什么动物有几千颗牙齿，一只脚，却没有脊柱？答案是蜗牛！还有哪些动物像蜗牛一样没有脊柱呢？

探究活动

为什么说蚯蚓是动物？

做出预测

蚯蚓的什么特点说明它是动物家族的一员？做一个预测。

检验预测

1. 把蚯蚓从花盆里拿出来，把它放在湿纸巾上。蚯蚓会做什么？观察它如何蠕动，记录你的观察结果。
2. **观察** 用手指轻轻触摸蚯蚓，看看会发生什么。记录你的观察结果。
3. **观察** 几天后，观察花盆。你注意到蚯蚓生活的环境有什么变化吗？

得出结论

4. **交流** 当你触摸蚯蚓时，它有什么反应？
5. **推理** 蚯蚓有骨骼吗？你是怎么知道的？
6. 蚯蚓的什么特点可以使它被归为动物？

进一步探究

观察其他种类的动物，它们有和蚯蚓一样的特征吗？

材 料

- 活的蚯蚓
- 土壤
- 树叶
- 湿纸巾

步骤 2

观察蚯蚓	
它是如何蠕动的	
当你触摸它时发生了什么	
环境发生了什么改变	

读一读，学一学

基本问题

如何比较动物?

词汇

无脊椎动物
海绵动物
腔肠动物
软体动物
棘皮动物
内骨骼
节肢动物
外骨骼

阅读技能

中心思想和论据

中心思想	论据

什么是无脊椎动物?

你会如何描述动物?想想你的宠物，或者动物园里见过的动物。同时，别忘了你也是一种动物。

描述动物的一种方法是通过比较它们的相同之处和不同之处。动物有什么相同之处?所有的动物都是由无数个细胞构成的。大多数动物可以自己移动，像所有的生物一样，动物生长、变化、繁殖，并对环境做出反应。它们从食物中获得所需的能量。

对称性

动物之间的其中一个区别就是它们的身体形状不同，大多数动物的身体具有对称性。**对称性**是指动物身体的某些部位与中点或中线另一边的其他部位相匹配。也有些动物的身体没有对称性。

▲ 海胆具有对称性。

◀ 海绵动物是最简单的一种动物，多数没有对称性。

脊椎动物和无脊椎动物

动物之间的另一个不同之处就是它们是否长有脊柱。**脊椎动物**是一种长有脊柱的动物，没有脊柱的动物是**无脊椎动物**（invertebrate）。

每100种动物中有超过95种是无脊椎动物，它们有各种形状和大小。像蚂蚁和蚯蚓这样的无脊椎动物，小到可以放在你的手掌里。还有一些无脊椎动物可以长得很大，有些还有坚硬的外壳。有些无脊椎动物在体内有支撑结构。上面的图表显示了无脊椎动物的八个主要类群。

读 图

哪一类动物群体没有对称性？

线索 观察每个动物，看看它们的身体结构是否对称。

快速检测

中心思想和论据 动物在哪两个方面有区别？

批判性思维 你认为是否存在不对称的脊椎动物？为什么？

迷你实验

水母如何移动？

1. **建立模型** 吹一个气球，紧紧抓住气球的一端，这样空气就不会逸出。气球模拟的是水母中空的形状，里面的空气代表水母体内的水。
2. 你认为松开气球时，会发生什么？
3. **观察** 松开气球，发生了什么？这个模型是如何模拟水母的？

什么是无脊椎动物？

海绵动物

海绵动物（sponge）是最简单的无脊椎动物，多数没有对称性，生活在水下。海绵动物的形状像一个袋子，顶部有一个开口，水通过开口流入体内，海绵动物会过滤水中的营养物质来获取食物。成年海绵动物待在一个固定的地方，它们的后代则会漂浮或游到其他地方。

腔肠动物

腔肠动物（coelenterate）是一种拥有手臂状触须的动物。许多腔肠动物触须的顶端有刺状带毒的细胞，并利用这些细胞使猎物昏迷。水母和珊瑚都是腔肠动物。

珊瑚是腔肠动物。

软体动物

你收集贝壳吗？贝壳正是来自于身体柔软的无脊椎动物，这些无脊椎动物被称为**软体动物（mollusk）**。大多数软体动物都有壳且生活在水中。蜗牛和蛞蝓是为数不多的生活在陆地上的软体动物。

一些成年软体动物，如蛤蜊和牡蛎，会附着在一个地方。其他的软体动物，比如乌贼和章鱼，是可以自由游动的。

棘皮动物

海胆是棘皮动物。**棘皮动物（echinoderm）**有多刺的皮肤，它还有一个内部支撑结构，这种结构被称为**内骨骼（endoskeleton）**。

火焰贝是一种生活在珊瑚礁中的软体动物。

快速检测

中心思想和论据 海绵动物、腔肠动物、软体动物和棘皮动物有什么共同之处？

批判性思维 为什么所有的海绵动物都生活在水下？

之前和之后

读 图

当章鱼受到威胁时，会发生什么？

线索 看两幅图中章鱼的颜色和形状。

什么是节肢动物?

节肢动物是数量最多的无脊椎动物群体。**节肢动物(arthropod)**的腿是有关节的,身体分为几个部分。有些节肢动物,像螃蟹和虾,用鳃呼吸。其他节肢动物,像昆虫和蜘蛛,通过开放的身体管道呼吸。

每个节肢动物都有**外骨骼(exoskeleton)**,这是一层保护身体的硬壳。外骨骼还可以帮助节肢动物保持体内的水分。

龙虾、蜜蜂和蝎子都是节肢动物。昆虫是目前已知数量最多的节肢动物群,有近 100 万种。蜈蚣和千足虫不是昆虫,但与昆虫的亲缘关系较近。

快速检测

中心思想和论据 节肢动物共有的特征是什么?

批判性思维 昆虫都是节肢动物吗?节肢动物都是昆虫吗?请你解释一下。

这些动物都是昆虫

蜜蜂

蛾

人脸蝽

瓢虫

螳螂

真相 许多节肢动物生长过程中会多次脱掉它们的外骨骼,这样它们就能长得更大。

节肢动物

昆虫纲

昆虫有一对触角，三对足，一到两对翅膀和三段体躯。

蛛形纲

蛛形纲的动物包括蜘蛛、蜱虫和蝎子等。它们都有四对足，两段体躯和尖尖的牙。

甲壳类

甲壳类动物，如螃蟹和虾，有两对触须和两到三段体躯，它们可以咀嚼。

蜈蚣和千足虫

蜈蚣的每段体躯都有一对足，千足虫的每段体躯都有两对足。

蠕虫是如何分类的?

也许你认为所有的蠕虫看起来都一样，但是它们也分几个种类。其中主要包括**扁形虫**、**线虫**和**环节虫**三类。

扁形虫

顾名思义，扁形虫的身体是扁平的。它们有一个头，简单的眼睛和一条尾巴。扁形虫是最简单的蠕虫，它们大部分是无害的。有些扁形虫会生活在其他动物的体内。

线虫

线虫身体薄，末端尖。线虫有单向的消化系统。食物从一个开口进入，通过另一个开口排出废物。大多数线虫生活在其他动物体内。

环节虫

蚯蚓、沙虫和水蛭是环节虫，它们的身体被分成几部分。除头部和尾部末端外，其余部分是相同的。每一端都有一个消化系统的开口。

大多数环节虫生活在陆地上。与扁形虫和线虫不同的是，环节虫几乎不会生活在另一种动物的体内。

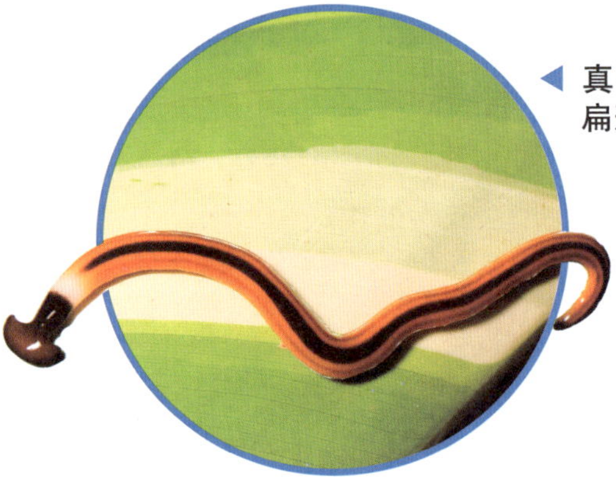

◀ 真涡虫是一种扁形虫。

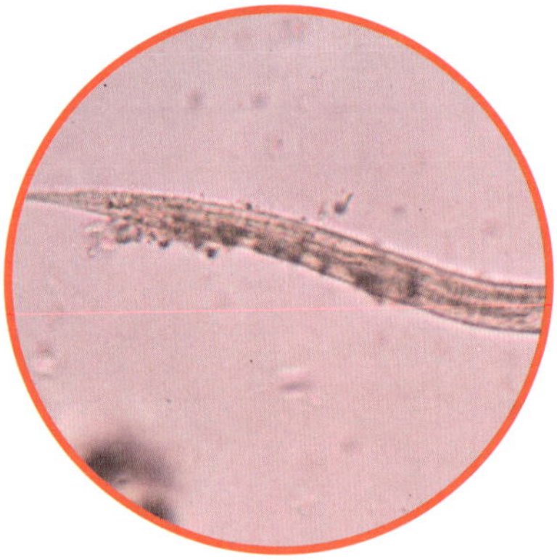

蛔虫是一种线虫。▶

▲ 蚯蚓是一种环节虫。

快速检测

中心思想和论据　描述这三类蠕虫。

批判性思维　生活在其他动物体内的蠕虫从哪里获得食物?

课后回顾

摘要

无脊椎动物，如海绵动物、腔肠动物、棘皮动物和软体动物，是没有脊柱的动物。

数量最多的无脊椎动物群是节肢动物，它们的腿是有关节的，身体被分成几个部分。

蠕虫的三大类是扁形虫、线虫和环节虫。

制作 折叠式学习卡

制作折叠式学习卡来总结本课关于无脊椎动物的知识。

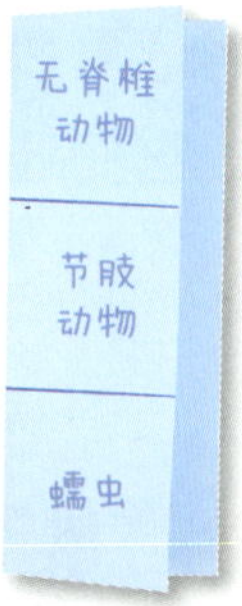

想一想，说一说，写一写

1. **词汇** 当一个动物的身体一边和另一边一样时，这个动物就有________。
2. **中心思想和论据** 动物拥有外骨骼的优势是什么？缺点又是什么？

中心思想	论据

3. **批判性思维** 为什么海绵动物和腔肠动物不生活在陆地上？
4. **测试** 下列哪一个是无脊椎动物？
   A 鹰　　B 鱼
   C 蛇　　D 虾
5. **测试** 软体动物和节肢动物有什么共同的特征？
   A 它们都有脊柱
   B 它们都没有脊柱
   C 它们都有外骨骼
   D 它们都不动
6. **基本问题** 如何比较动物？

写作链接

写一个故事

从这节课中选择一种无脊椎动物，从它的角度写一个故事，告诉我们这种动物的生活是什么样的。

艺术链接

做一张海报

制作一张海报来展示主要的无脊椎动物。请在海报上展示图画或照片，并给每组动物标上标签。

聚焦技能

探究技能：分类

你已经知道有些动物是脊椎动物，有些是无脊椎动物，这种分类取决于动物是否有脊柱。科学家根据生物的共同特征对其进行分类。

水母

对动物分类的一种方法是根据其有无脊柱来判断。你也可以根据其他特征对动物进行分类，比如对称性。对称性描述了身体各部分的排列特点。

赤狐

▶ 学习

当你进行分类时，应将具有共同属性的事物归入一类，分类是组织数据的一种好方法。如果你的分类依据仅仅是几组性质，这当然不难记住，但如果你需要依据上千组性质来细分，仅仅依靠好记性可能就不够用了。

所以，分类时记好笔记是很重要的，笔记可以帮助你回忆起把某几个事物归为同一组的原因，它们还可以帮助你后续对事物进行分类。

▶ 尝试

根据动物的对称性来分类，大多数动物，像蝴蝶，都具有轴对称的性质。这意味着它们身体两边的结构是相似的。其他的动物，像海星，具有中心对称的性质。这意味着它们的身体部位从中心点向外伸展。还有一些动物完全没有对称性。

1. 看看这几页上每种动物的图片。
2. 如下页表所示，表中列出每种动物的名字。
3. 在表上画“ √ ”表示每种动物属于哪种对称性。

金龟子

我的观察			
动物	轴对称	中心对称	不对称
金龟子			
赤狐			
桶状海绵			

蝙蝠

红腿陆龟

桶状海绵

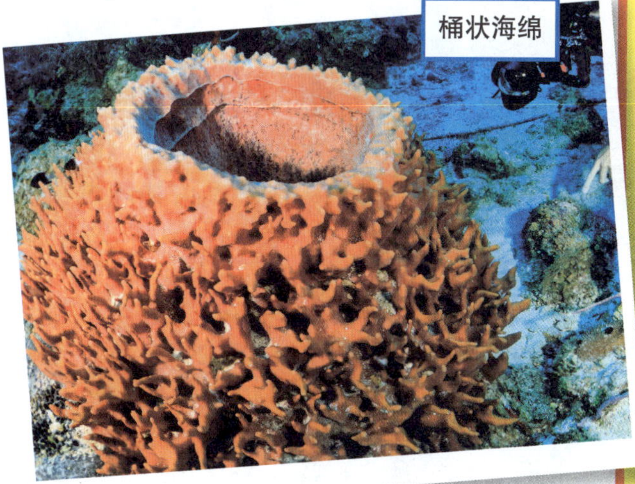

▶ 应用

1. 研究表中数据，有多少种动物是中心对称的，多少种是轴对称的，多少种是不对称的？
2. 看看杂志或本书里其他的动物图片，将它们添加到你的图表中，或者创建一个新的图表来比较它们。
3. **分类** 依据对称性，给每一种动物归类。每种对称类型至少找出一种动物。
4. 现在用一种新的方式给所有动物分类，利用大小、颜色或你所选择的其他性质来分类，与全班同学分享你的发现。

第2课

脊椎动物

看一看，想一想

大象是最大的陆地动物。雄性大象的体重可达6800千克！世界上几乎所有的大型动物都有一些共同的结构来帮助它们支撑身体，你知道是什么吗？

探究活动

脊柱有什么用？

做出预测

有脊柱的动物和没有脊柱的动物相比，哪一种能承受更大的重量？请做出预测。

材 料

- 橡皮泥
- 铅笔

检验预测

1. 用橡皮泥做一个有四条腿但没有脊柱的动物模型。
2. 同时做一个大小、形状相同的有脊柱的动物模型。用铅笔做动物模型的“脊柱”。
3. **观察** 用橡皮泥球给你的模型增加重量，每个模型在断裂前最大能承受多少重量？

步骤 2

步骤 2

得出结论

4. 哪一种模型能承受更大的重量，有脊柱的还是无脊柱的？
5. 陆生动物的脊柱有什么用处？
6. **推理** 脊柱对生活在水下的动物有什么用处？

进一步探究

制作第三个模型，用铅笔做腿和脊柱。你的新模型和其他模型相比如何？腿中的铅笔代表什么？

读一读，学一学

基本问题

哪些动物有脊柱？

词汇

脊椎动物

恒温动物

变温动物

两栖动物

爬行动物

鸟类

哺乳动物

阅读技能

比对和对比

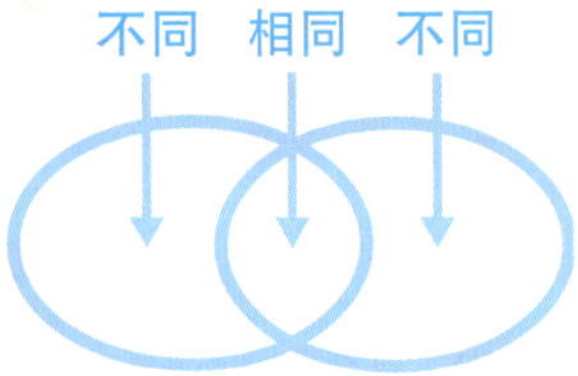

什么是脊椎动物？

你知道吗？你和鱼、青蛙、蛇、鸟、老鼠一样，都属于一类群体，你们都有脊柱。

脊柱是**脊椎动物（vertebrate）**区别于无脊椎动物的地方。脊柱是脊椎动物内骨骼的重要组成部分，它支撑着动物的身体，使较大较重的动物也能灵活运动。有些脊椎动物，如鸟类和哺乳动物，是**恒温动物（homeotherm）**，俗称温血动物。它们的体温变化不大，这些动物通过分解食物获得热量，这有助于它们保持恒定的体温。

鱼类、两栖动物和爬行动物是**变温动物（poikilotherm）**，俗称冷血动物。它们不能保持恒定的体温，它们的体温会随着周围环境的变化而变化。变温动物从体外获得热量。

脊椎动物被分为七类，它们分别是无颌鱼、软骨鱼、硬骨鱼、两栖动物、爬行动物、鸟类和哺乳动物。

你可以指出这条鱼的脊柱吗？

脊椎动物分类

变温动物

软骨鱼

爬行动物

无颌鱼

两栖动物

硬骨鱼

恒温动物

鸟类

哺乳动物

鱼类

无颌鱼、软骨鱼、硬骨鱼是鱼的三大类。前两类的骨骼是由**软骨**组成的，软骨是类似你的外耳或者鼻尖的弹性材料。

无颌鱼嘴无骨，嘴的作用就像吸盘，例如，七鳃鳗。软骨鱼主要包括鲨鱼和鳐鱼。

脊椎动物中数量最大的一类是硬骨鱼，它们的骨骼是由真正的骨头构成的，身上覆盖着鳞片。金枪鱼和金鱼都是硬骨鱼。

快速检测

比对和对比 这三类鱼有什么相同之处，又有什么不同之处？

批判性思维 为什么恒温脊椎动物通常比变温脊椎动物吃得更多？

读 图

哪些脊椎动物是恒温动物？哪些是变温动物？

线索 看标签的颜色。

还有哪些脊椎动物？

两栖动物

青蛙、蟾蜍和蝾螈是**两栖动物（amphibian）**。两栖动物是变温的脊椎动物，它们有时生活在水中，有时生活在陆地上。

像所有的两栖动物一样，青蛙在水下开始它们的一生。青蛙卵孵化出蝌蚪，蝌蚪的鳃使它们可以生活在水中，但不能生活在陆地上。随着它们的生长，身体结构会发生变化，蝌蚪会长出肺，这使得它们成年后可以生活在陆地上。

两栖动物的皮肤需要保持湿润。即使它有肺，也要通过皮肤辅助呼吸。如果皮肤干了，两栖动物就活不下去了，这就是大多数两栖动物生活在水附近的原因。

爬行动物

蜥蜴、蛇、海龟和鳄鱼都是爬行动物。**爬行动物（reptile）**是生活在陆地上的变温脊椎动物。

与两栖动物不同，爬行动物有干燥的皮肤，它们的皮肤表面覆盖着片状的鳞片，这种厚实的防水覆盖物有利于爬行动物生活在陆地上。

爬行动物无法通过皮肤呼吸，它们用肺呼吸。当它们繁殖时，坚硬的外壳会使它们的卵保持湿润。

两栖动物和爬行动物

读　图

青蛙和蜥蜴有什么不同？

线索　观察图片中的细节。

鸟类是唯一有羽毛的动物。

鸟类

鸟类（bird）是有羽毛的恒温脊椎动物。羽毛很轻，但它们可以使鸟的身体保持温暖。鸟还有喙和两只爪子。它们的爪子上有鳞片，看起来很像爬行动物的皮肤。

虽然所有的鸟都有羽毛，但不是所有的鸟都能飞。对于那些会飞行的鸟类来说，轻盈的身体，空心的骨骼，强大的肺等特征都有助于它们的飞行。鸟翼的形状和强壮的肌肉也可以帮助它们从地面上飞起。

鸟类的卵表面有坚硬的壳。大多数鸟类在卵孵化之前都要使它们的卵保持温暖。

迷你实验

鸟是如何飞行的？

1. **测量**　剪下一张大约宽 5 厘米，长 20 厘米的彩纸。
2. **建立模型**　打开一本书，将彩纸顶端约 2 厘米长度夹在封面和第一页之间，再把书合起来，这样就模拟了一个鸟翼。
3. 让书靠近嘴边，轻轻地吹纸的顶部。
4. 当你吹它的时候，发生了什么？
5. **推理**　鸟翼的形状就像飞机的机翼，这种形状为什么有助于鸟的飞行？

快速检测

比对和对比　比较两栖动物、爬行动物和鸟类的表皮，它们有什么相似之处？

批判性思维　蜥蜴能生活在一个非常寒冷的环境中吗？为什么？

真相　爬行动物的皮肤是干燥且不光滑的。

什么是哺乳动物?

你知道吗?其实,你也是哺乳动物。**哺乳动物(mammal)**是一种体表有皮毛的恒温脊椎动物。哺乳动物可以生活在树上、水下和地球上的大多数地方。

哺乳动物会照顾它们的后代,三类主要的哺乳动物群体是根据它们如何繁殖来分类的。大多数哺乳动物是胎生繁殖的,有一小部分哺乳动物是靠产卵来繁殖的。哺乳动物都靠母乳哺育幼小的后代。

懒猴是一种具有良好视力的哺乳动物。

快速检测

比对和对比 哺乳动物之间有什么不同之处?有什么相同之处?

批判性思维 科学家发现了一种新的动物,认为它可能是一种哺乳动物。这名科学家该如何确定自己的猜测?

哺乳动物分类

产卵的哺乳动物
产卵的哺乳动物只有鸭嘴兽和针鼹。

有袋的哺乳动物
袋鼠、树袋熊和负鼠将它们的幼崽带在袋中,直到幼崽长大。

在体内发育的哺乳动物
绵羊、蝙蝠、猿类和其他哺乳动物都可以在母亲体内发育。

课后回顾

摘要

脊椎动物是长有脊柱的动物，可以分为七大类。它们可以是恒温动物，也可以是变温动物。

鱼类、两栖动物和爬行动物是变温动物。鸟类是恒温动物且有羽毛。

哺乳动物是恒温动物，它们的后代有三种不同的发育方式。

制作 **折叠式学习卡**

制作折叠式学习卡来总结本课关于脊椎动物的知识。

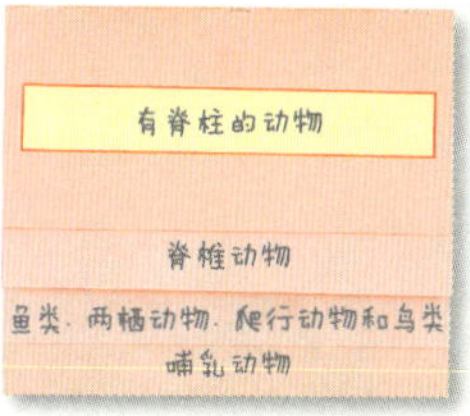

想一想，说一说，写一写

1. **词汇** ______动物利用周围的热量来保持温暖。
2. **比对和对比** 七大类脊椎动物有什么相同之处？又有什么不同之处？

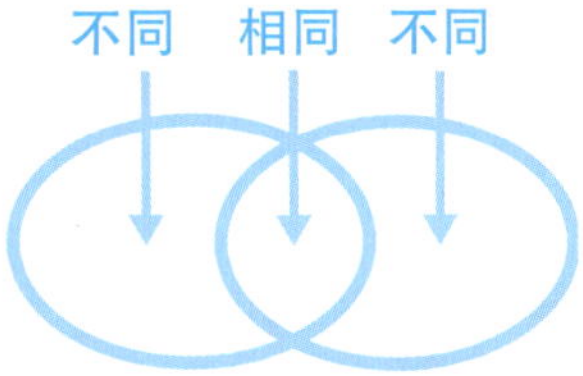

3. **批判性思维** 蝾螈看起来很像蜥蜴，但它实际上是两栖动物。你认为蝾螈有什么特质？
4. **测试** 鸟和大多数哺乳动物有什么共同特征？
   A 有脊柱并产奶
   B 有脊柱并孵卵
   C 有脊柱，并会照顾它们的幼崽
   D 产卵，是变温动物
5. **基本问题** 哪些动物有脊柱？

写作链接

写一个故事

在你的身边有哪些脊椎动物？选择其中一个，写一段话来描述它属于哪一种脊椎动物，包括它的特点。

数学链接

应用题

一头蓝鲸重 100 吨，一吨等于 1000 千克，这头蓝鲸有多少千克？比你重多少倍？

温和的巨兽

海牛是生活在水中的大型哺乳动物，这些温和的巨兽住在佛罗里达。海牛正濒临灭绝，这意味着它们剩下的数量很少了，科学家担心它们可能会灭绝。它们为什么会濒临灭绝？

海牛生活在海岸带，这里是人们经常划船捕鱼、出游的地方。这些动物对此很好奇，但它们移动得很慢。有时它们离船太近了，于是一不小心就撞到了船上。很多海牛都是因为被螺旋桨伤害而死亡的。

人们在海岸上建造建筑物，污染了空气、水和土地。因此，海牛能吃的植物都死了，它们喜欢温暖的水，但海岸边的水温可能正在渐渐变冷。

提示

优秀的说明文应该怎么写？

- 解释如何完成任务或事情是如何发生的过程。
- 提供清晰有条理的细节。

写作

说明文写作

找出另一种濒危动物，写一篇简短的文章解释它为什么会濒临灭绝。

卡纳蓝蝴蝶

动物保护

科学家正在努力保护海牛和其他濒危动物。美国鱼类及野生动植物管理局（USFWS）保存着一份濒危物种名单，上面记录着许多濒危物种，例如，卡纳蓝蝴蝶和旧金山袜带蛇。下表显示了全美濒危动物的数量。

美国濒临灭绝的动物物种

动物组	濒临灭绝物种的数量	占总额的比例（%）
哺乳动物	68	17
鸟类	76	19
爬行动物	14	3
两栖动物	13	3
鱼类	75	18
昆虫和蜘蛛	59	14
其他无脊椎动物	105	26
总计	**410**	**100**

资料来源：美国鱼类及野生动植物管理局濒危物种系统，2006年9月

提示

▶ 做一个百数格可以帮助你计算百分比，百分比的意思是“一百份中的多少份”，所以百分之二十五的意思是一百份中的二十五份。为了表示25%，100个格子中的25个格子被涂上阴影。

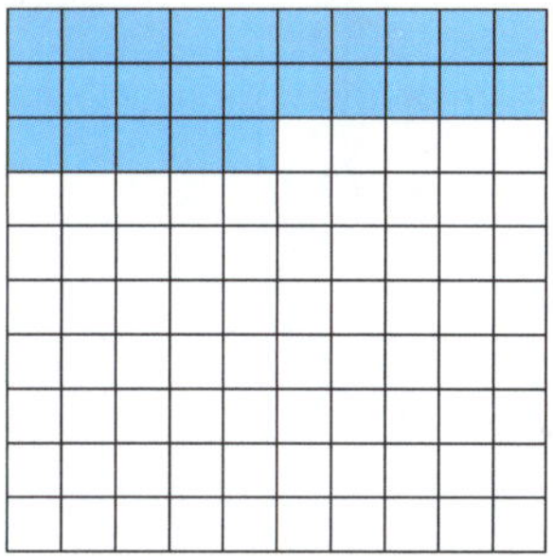

▶ 百分数也可以用分数写出来。$25\% = \frac{25}{100} = \frac{1}{4}$。

实践

用这张表来解决下列数学题。

1. 濒临灭绝的昆虫和蜘蛛物种占濒危物种总数量的百分比为多少？
2. 哪种脊椎动物濒危物种的数量最多，占总额的比例是多少？
3. 脊椎动物濒危物种占所有濒危物种数量的百分比为多少？

第3课

动物的身体系统

看一看，想一想

你知道鸟会跑吗？鸵鸟跑得可快了！它全速奔跑的时候接近每小时 64 千米！它们利用强有力的腿部肌肉迅速逃离危险，还有哪些身体系统有助于动物的生存？

探究活动

蚯蚓对光有什么反应?

材料

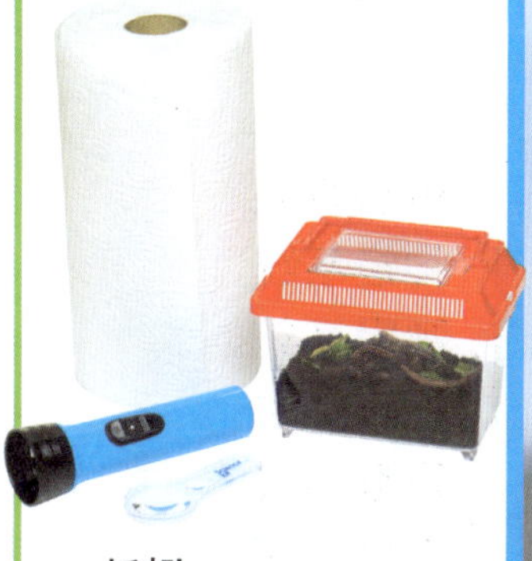

- 蚯蚓
- 潮湿的纸巾
- 放大镜
- 手电筒

做出假设

蚯蚓对光有什么反应？写下你的假设。

验证假设

1. 轻轻地把蚯蚓放在潮湿的纸巾上。
2. **观察** 用放大镜观察蚯蚓几分钟，它在做什么？它是待在一个地方还是四处移动？记录你的观察。
3. **实验** 用手电筒照射蚯蚓约一分钟，观察它的反应，在图表中记录你的观察结果。
4. 重复步骤 3 三次，每次记录你的观察。

得出结论

5. **解释数据** 你的结果支持你的假设吗？当蚯蚓暴露在阳光下，会发生什么？
6. 蚯蚓是如何感知光的？

进一步探究

一条蚯蚓在地下时能感觉到光吗？提出一个假设，设计一个实验来验证。

读一读，学一学

▶ **基本问题**
身体系统如何帮助动物生存？

▶ **词汇**
运动系统
神经系统
呼吸系统
循环系统
排泄系统
消化系统

▶ **阅读技能**
因果关系

原因→结果
→
→
→
→

动物是如何运动和感知环境变化的？

动物有不同的系统，一组协同工作的器官组成一个系统。

运动系统

骨头是由活细胞和矿物质构成的，脊椎动物的骨头构成了它的**骨骼**，这是支撑动物身体的框架，同时它也保护着身体内的各个器官。

骨骼与另一个组织协同工作，使脊椎动物能够运动，这个组织就是**肌肉**。运动时，肌肉会收缩，并牵引骨骼运动。肌肉、骨骼和关节构成了脊椎动物的运动系统（locomotor system）

那无脊椎动物是如何运动的？大多数无脊椎动物都有肌肉。蚯蚓通过收缩和伸展肌肉来蠕动。

青蛙用它强壮的腿部肌肉跳跃。对大多数动物而言，肌肉收缩或舒张牵引骨骼运动。

猫头鹰有敏锐的视觉，它们的大眼睛有利于它们夜间视物。

神经系统

身体的主控系统是神经系统，**神经系统（nervous system）**是由神经细胞组成的。

无脊椎动物有简单的神经系统。海绵动物就只有少量分散的神经细胞。脊椎动物有复杂的神经系统。在脊椎动物中，数以百万计的神经细胞共同工作，组成了**神经**。

脊椎动物的神经系统由大脑、脊髓、周围神经和感觉器官组成。这些器官帮助动物利用视觉、听觉、味觉、触觉和嗅觉等感觉来探测周围环境的变化。

快速检测

因果关系 骨骼和肌肉是如何协同工作的？

批判性思维 神经系统对身体的其他系统有什么重要作用？

海豚的大脑会发出跳跃的信息，这个信息通过海豚的神经传递到肌肉，然后海豚开始行动！

迷你实验

做一个肺部模型

1. 请老师帮忙把一个塑料瓶和一个气球的底部剪下来。用气球皮盖住塑料瓶底部，并粘好。
2. 再拿一个完整的气球，将吸管的一端插入气球的颈部，用橡皮筋包住颈部和吸管并密封好。
3. 拿起吸管，用橡皮泥把它固定在瓶子的顶部，把完整的气球挂在瓶子里。
4. **建立模型** 推拉瓶底的气球，使其上下移动，会发生什么呢？
5. **推理** 隔膜是一种能使肺部膨胀或收缩的肌肉，模型的哪一部分代表隔膜？这个模型是如何表示肺的工作方式的？

空气和血液是如何在体内流动的？

呼吸系统

所有的动物细胞都需要氧气。为了使空气中的氧气进入细胞，大多数动物会利用呼吸系统。**呼吸系统（respiratory system）**将氧气输送到血液中，并把血液中的二氧化碳排出体外。

一些小型的无脊椎动物，如蠕虫，不需要这样的系统。氧气很容易进入它们的组织。较大的动物就需要呼吸系统了，它们用鳃或肺等器官与水或空气进行气体交换。

成年的火蝾螈有肺，像所有的两栖动物一样，它们也可以通过皮肤呼吸。

呼吸和循环系统

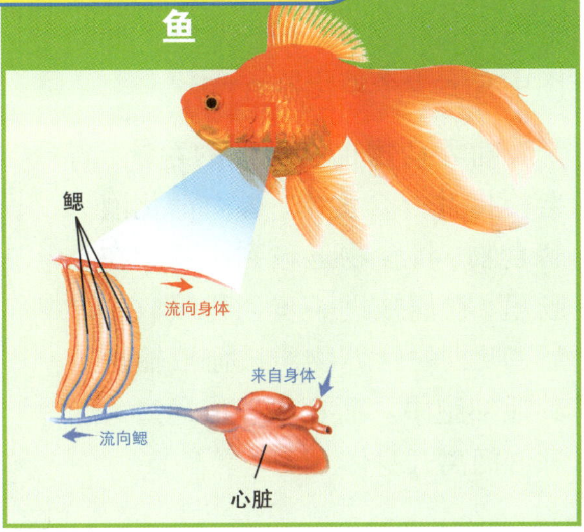

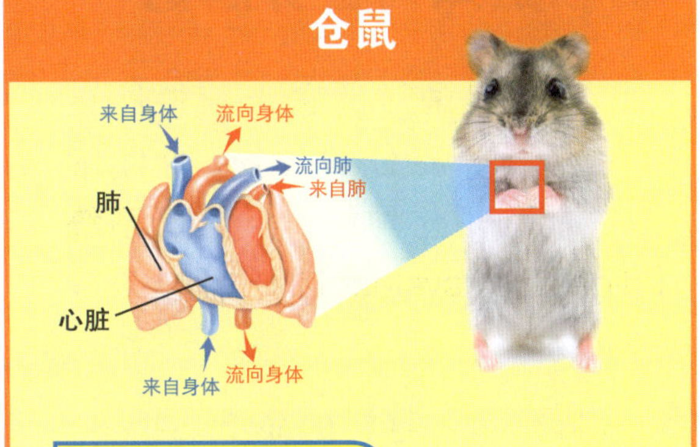

读　图

鱼和仓鼠有什么共同的器官？

线索　比对和对比两幅图。

循环系统

心脏、血液和血管构成了**循环系统（circulatory system）**。循环系统的工作是运输血液到身体的各个部位。血液把氧气、营养物质和水运输到身体的每个细胞中，然后带走细胞排出的废物。

心脏是循环系统的主要器官，它有强壮的肌肉组织来泵动大量的血液。

大多数鱼的心脏有两个部分（两个腔室），两栖动物的心脏有三个腔室，哺乳动物和鸟类的心脏有四个腔室，海绵动物和腔肠动物没有心脏，事实上，它们根本就没有循环系统。

排泄系统

当细胞分解食物和其他化学物质时，它们就会产生废物。**排泄系统（excretory system）**清除这些废物。

肝脏、肾脏、膀胱、皮肤和肺都是排泄器官。肝脏和肾脏从血液中过滤废物，膀胱储存尿液。皮肤出汗以排出多余的矿物质，肺或鳃排出细胞产生的废气。

快速检测

因果关系　如果血液没有在肺中获取氧气，会发生什么？

批判性思维　呼吸系统和循环系统有什么共同之处？

真相　血液实际上是一个液体组织。

食物是如何被分解的？

动物是通过饮食来获得能量的。但是只有分解食物，身体细胞才能利用这种能量。**消化系统（digestive system）**的作用就是分解食物。

在像海绵这样的简单动物中，动物体壁上的细胞可以将食物转化为小颗粒。其他简单的无脊椎动物只有一个开口的消化系统，用于消化食物和排出废物。

环节虫的消化系统有两个开口，食物通过口进入，代谢废物通过肛门排出。

爬行动物和两栖动物有一个更复杂的消化系统，仔细观察下面的图中有多少个消化器官？

哺乳动物也有类似的系统，胃会搅拌并混合食物，再由消化液分解食物，将食物运输到小肠。在小肠里，它们被进一步消化吸收。之后，吸收的营养物质被血液输送到其他细胞中。而食物残渣通过大肠和肛门离开身体。

快速检测

因果关系 狗吃下食物后，会发生什么？

批判性思维 如果动物的消化系统受损了，会发生什么？

消化系统

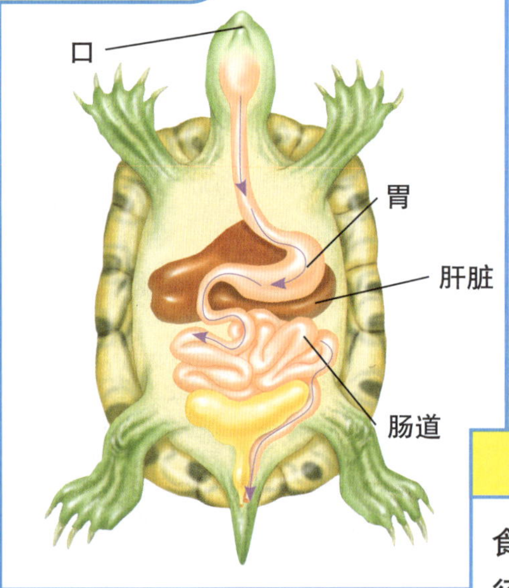

读 图

食物在乌龟的消化系统中的路径是什么样的？

线索 沿着箭头找答案。

课后回顾

摘要

	动物利用神经系统和运动系统来反应和运动。
	循环系统和呼吸系统输送血液和氧气。
	消化系统分解食物以获取能量，排泄系统排出废物。

制作 **折叠式学习卡**

制作折叠式学习卡来总结本课关于动物身体系统的知识。

想一想，说一说，写一写

1 **词汇** ________系统从空气或水中吸收氧气。

2 **因果关系** 神经系统是如何控制肌肉和骨骼来移动你的手臂的？

原因→结果
→
→
→
→

3 **批判性思维** 爬上一段楼梯后，你会发现你的心脏开始加速跳动，呼吸变得急促。为什么体育活动会对你产生这样的影响？

4 **测试** 胃是身体哪个系统的一部分？

A 消化系统　　B 神经系统

C 运动系统　　D 循环系统

5 **测试** 排泄系统有什么作用？

A 吸收氧气　　B 支持肌肉运动

C 分解食物　　D 清除废物

6 **基本问题** 身体系统如何帮助动物生存？

写作链接

写一篇短文

五官中哪一种器官对你最重要？写一篇关于它如何帮助你感受环境变化的文章。

艺术链接

画图

选择一个动物，为它画一张全身像。请标记出这个动物每个身体系统的主要器官，并给器官贴上标签，说明它们的功能。

材　料

雪糕棒

胶水

贴纸

剪刀

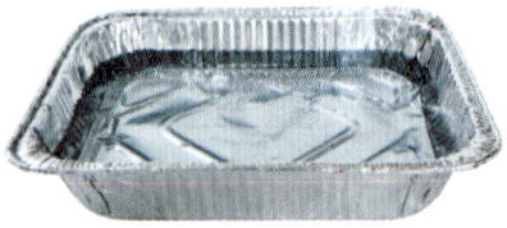

一盆水

结构化探究

足是如何帮助鸟类在水中移动的?

做出假设

许多鸟既可以在空中飞，也可以在陆地上跑，还可以在水中游。鸟的足是如何帮助它在水中游泳的?把你的答案以“如果一只鸟的足是……那么它在水中就会移动得更好”的形式写下来。

验证假设

1. **建立模型**　将三根雪糕棒粘成扇形，这就是鸟足的框架。

2. 按照步骤 1 制作第二只鸟足。

3. 用贴纸覆盖第一只鸟足的顶部和底部，在足的外侧把纸剪到合适的大小，第二只足则不用纸覆盖。

4. **观察**　将每只足都在一盆水中缓慢拖动几次，观察每次被拨开的水量，记录你的观察结果。

得出结论

5 **解释数据** 哪只足拨动的水更多？哪只足更适合游泳？

6 **推理** 足的模型在现实生活中代表什么样的鸟足？

指导性探究

牙齿如何帮助动物进食？

做出假设

许多动物的门牙形状与其他牙不同。牙齿的形状如何帮助动物吃不同的食物？请做出假设。

验证假设

制订一个计划来测试不同形状的牙齿是怎样来咀嚼不同种类的食物的。选择动物可能吃的食物，如胡萝卜、玉米、肉或种子。写下你将遵循的步骤，然后进行实验。记录你的观察和结果。

得出结论

关于牙齿的不同形状，你能得出什么结论？哪种形状的牙齿更适合哪种食物？为什么？

开放性探究

关于动物的结构，你还有什么问题吗？请设计一个探究活动来回答你的问题。把这些步骤写下来，以便其他组可以根据你的设计过程来执行实验。

谨记 要遵循科学过程的步骤。

提出问题
↓
做出假设
↓
验证假设
↓
得出结论

第4课

动物的生命周期

看一看，想一想

毛毛虫生长到一定时候就会用茧把自己裹住，并在茧中短暂生活一段时间。等再次出现的时候，它将长出翅膀！毛毛虫是怎样变成蝴蝶的？

探究活动

毛毛虫在生长过程中会发生变化吗?

活动目的

探究毛毛虫是如何变成蝴蝶的。

活动步骤

1 老师将给你一条毛毛虫，将它轻轻放入蝴蝶网中，把食物和水放在蝴蝶网里适当的地方。

2 **观察** 每天仔细观察毛毛虫，把任何细小的变化都记录在表格里。

得出结论

3 **解释数据** 你的毛毛虫经历了几个阶段？描述每一个阶段。

4 毛毛虫生命的最后阶段与第一阶段相比有什么样的变化？

5 **预测** 所有的毛毛虫都会经历相同的生命阶段吗？设计一个可以测试的探究活动。

进一步探究

其他动物有不同的发育阶段吗？你是怎么知道的？

材 料

蝴蝶网

观察

天数	身体变化	行为变化
1		
2		
3		
4		

读一读，学一学

基本问题

动物是如何生长和繁殖的?

词汇

生命周期
寿命
变态发育
克隆
遗传
遗传性行为
本能
习得性行为

阅读技能

排序

首先 → 其次 → 最后

什么是动物生长的各个阶段?

毛毛虫在长成蝴蝶的过程中经历了许多变化，这些生长和变化的阶段构成了生物体的**生命周期（life cycle）**。所有的生物都遵循一种出生、发育、繁殖和死亡的模式。

飞蛾的生命开始于一颗卵。

每种不同的生物都有自己的生命周期。例如，几周后小企鹅才会从蛋里孵出来。它们依靠父母提供温暖、庇护和食物。小企鹅很快就长出一层厚厚的绒毛，这有助于它保持身体的温暖和干燥。

随着企鹅年龄的增长，防水的羽毛代替了绒毛，在成年企鹅游泳寻找食物的过程中，这些羽毛使成年企鹅保持干燥。

企鹅蛋

新孵化的小企鹅

小企鹅

寿命

生物体的**寿命（life span）**是指它在通常情况下能够生存的时间，飞蛾的寿命大约是一周。人类有记录以来最长寿的年龄是 122 岁。科学家也不知道为什么有些动物的寿命会比其他动物的寿命长。

蟒蛇可以活 20 年。

快速检测

排序 动物的生命周期主要包括什么阶段？

批判性思维 老鼠的平均寿命是 3 年，为什么不是所有的老鼠都能活 3 年？

成年的企鹅

臭鼬可以活 20 年。

锦鲤可以活 100 年！

什么是变态发育？

大多数小动物看起来像它们父母的小复制品，小猫崽长得像猫妈妈猫爸爸，小雏鸟长得像鸟妈妈鸟爸爸。但是，也有些小动物一点也不像它们的父母，例如，许多昆虫。

蝴蝶和其他大多数昆虫都会经历变态发育的过程。**变态发育（metamorphosis）**的过程有几个独立的生长阶段。

不完全变态发育

豆娘是一种经历**不完全变态发育**的昆虫。在这种变态发育的过程中，很难看出生长阶段的差异。

随着昆虫的生长和变化，它会**蜕皮**。蜕皮是因为动物在慢慢长大而外骨骼无法生长。当外骨骼太小，无法适应生物的身体时，它就会蜕皮。在蜕皮的过程中，原来的外骨骼脱落并生长出新的外骨骼。经历不完全变态发育的昆虫还有蚱蜢和白蚁等。

不完全变态发育

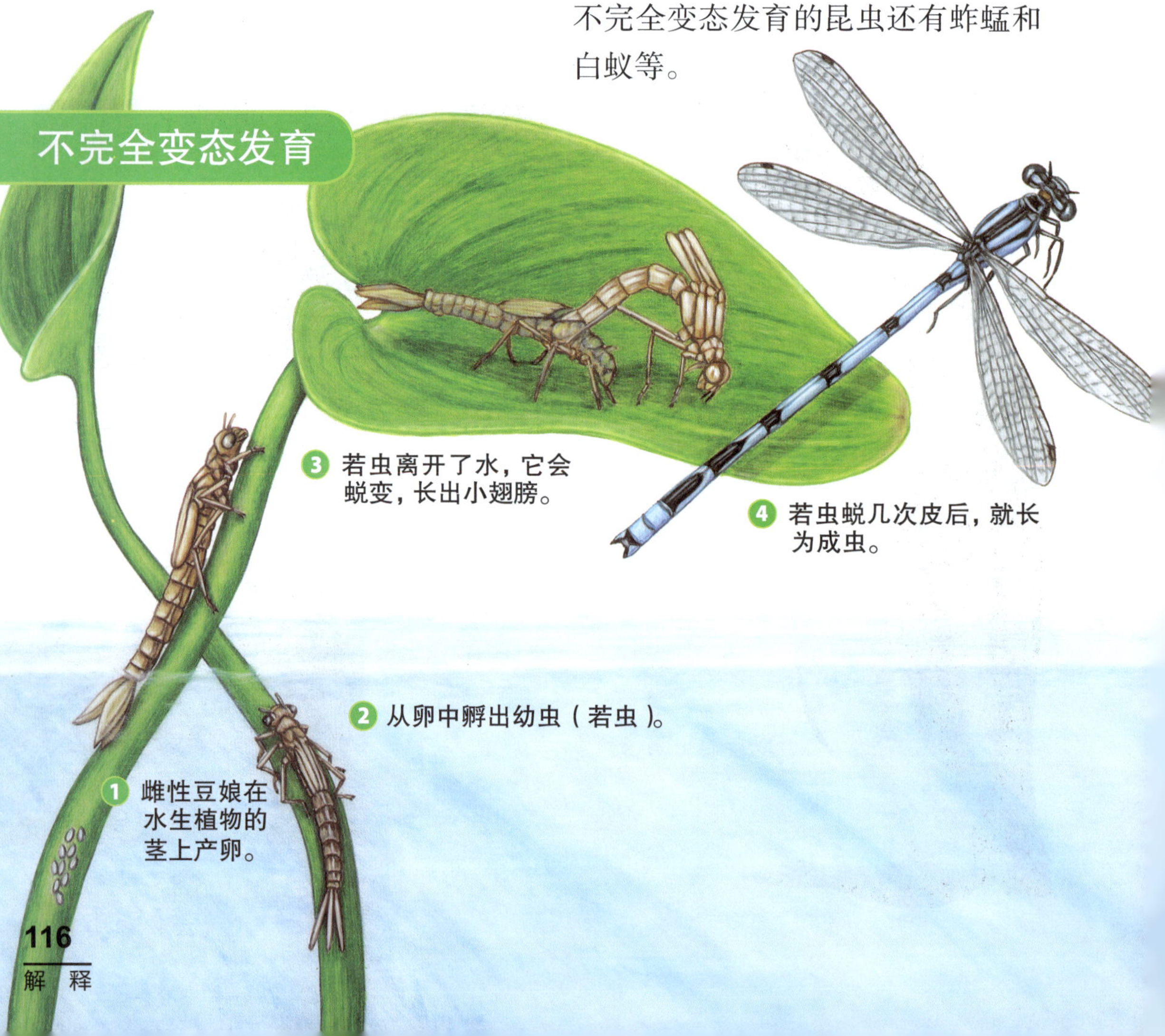

完全变态发育

卵

① 一只雌性蝴蝶在一片叶子上产卵。

幼虫

② 蠕虫般的幼虫从卵中孵化出来，它开始吃树叶。

蛹

③ 幼虫变成了蛹，成年组织和器官开始发育。

成虫

④ 成年后是一只蝴蝶。它有六条腿，两对翅膀和一对长触角。蝴蝶可以繁殖。

读　图

经历哪一个阶段后毛毛虫变成了蝴蝶？

线索　观察图片标注的数字。

完全变态发育

蝴蝶经历了**完全变态发育**的过程。按顺序看上面的图片，每个生长阶段看起来都不一样。甲虫、苍蝇和黄粉虫也会经历完全变态发育。

快速检测

排序　蝴蝶完全变态发育的过程有哪些阶段？

批判性思维　人类的生命会经历哪些不同的成长阶段？请举例说明。

动物是如何繁殖的？

每种动物的生命周期都包括繁殖，也就是动物产生后代的过程。

无性繁殖

腔肠动物和其他简单的无脊椎动物通过在成年动物的身体上**出芽**来繁殖。芽会慢慢发育成新的小动物。一段时间后，芽脱落，就会长成成年动物。

海星和其他棘皮动物可以通过**再生**繁殖。所谓再生，指的是一个完整的动物是由亲代的一部分发育而成的。

出芽和再生都属于克隆。**克隆（clone）**是后代对亲代的精确复制。

鸟类需要双亲才能产卵，当一方寻找食物时，另一方留下来保护鸟蛋。

遗传特征

克隆的后代具有与其亲代完全相同的特征。其他的动物也会保有部分亲代的特征，这些特征从亲代传递给后代的现象称为**遗传（heredity）**。

和所有哺乳动物一样，斑马也是有性繁殖。

繁殖方式

	方式	亲本数
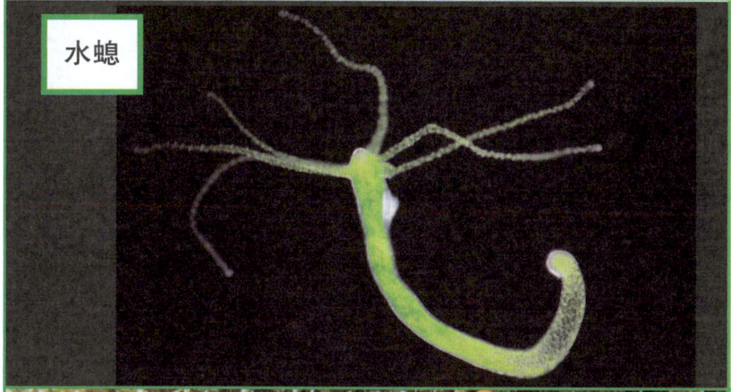 水螅	出芽	1
 海星	再生	1
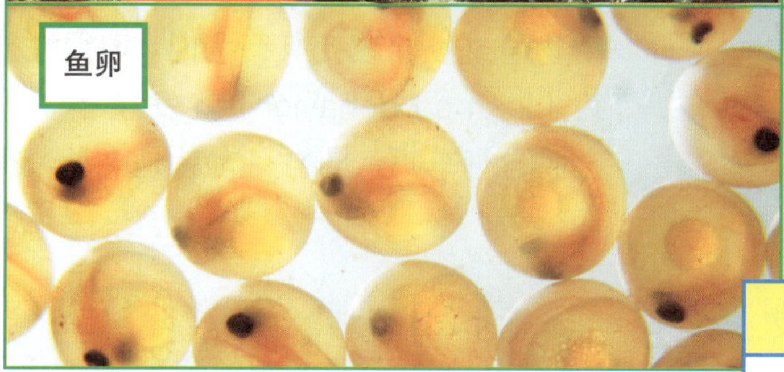 鱼卵	受精	2

读 表

哪种动物是有性繁殖的？

线索 看看最后一列的数据。

有性繁殖

另一种生殖方式需要来自双亲的细胞，雌性生殖细胞被称为**卵细胞**，雄性生殖细胞被称为**精子**。当一个卵细胞和一个精子结合时，后代产生了。这个过程叫作**受精**。

随着受精卵的生长，它形成了一个**胚胎**。胚胎具有从父母那里遗传的特征，但它并不是完全与父母一致的。

快速检测

排序 描述胚胎形成过程中发生的步骤。

批判性思维 有性繁殖的后代可以是克隆动物吗？为什么？

迷你实验

动物卡片

1. 制作两组表示遗传特征的卡片。母本使用黄色卡片，父本使用橙色卡片。
2. 在每张黄色卡片上写下一个特征的一种性状，在每张橙色卡片上写下同一特征的不同性状。
3. **使用数字** 从每一组卡片中选择一张，你能组成多少种不同特征的组合？
4. **推理** 这套卡片是如何模拟有性繁殖的？

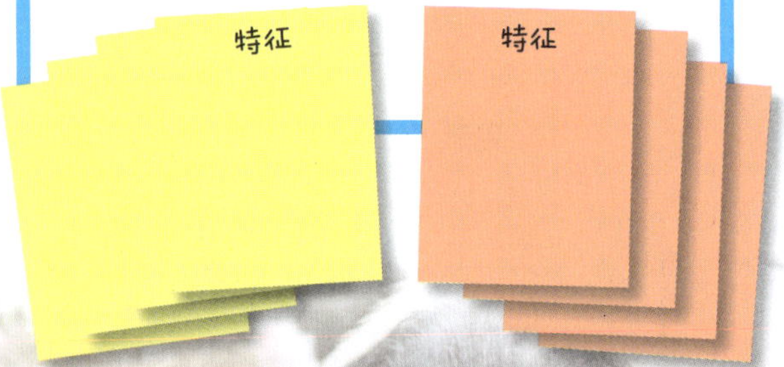

什么是遗传？

观察下图中的猪和它的宝宝。有些特征，如颜色，是由遗传决定的。但是猪是如何活动的？**行为**也是一种遗传特征吗？也许吧。

遗传性行为（inherited behavior）是父母传给后代的一系列动作。最简单的一种是反射，比如眨眼。一个稍复杂的例子是本能。**本能（instinct）**是一种动物不必学习就会的行为方式。鸟儿筑巢，蜘蛛织网，都是出于本能。

并非所有的行为都是遗传的，有些是后天习得的。学习可以发生在动物与环境或与其他动物相互作用的时候。当动物通过经验改变其行为时，**习得性行为（learned behavior）**就发生了。你会骑自行车吗？骑自行车就是一种习得性行为。

快速检测

排序 描述你可以如何教别人学会一个习得性行为。

批判性思维 习得性行为的例子有哪些？

课后回顾

摘要

动物的生命周期包括出生、发育、繁殖和死亡。

变态发育有完全变态发育和不完全变态发育两种。

当动物父母生育后代时，它们是在繁殖。后代拥有父母双方的遗传特征。

制作 折叠式学习卡

制作折叠式学习卡来总结本课关于动物生命周期的知识。

中心思想	我学到了……	概述
生命周期		
变态发育		
特征		

想一想，说一说，写一写

1. **词汇** 精子和卵细胞结合时，______发生了。

2. **排序** 描述豆娘不完全变态发育过程中发生的事情。

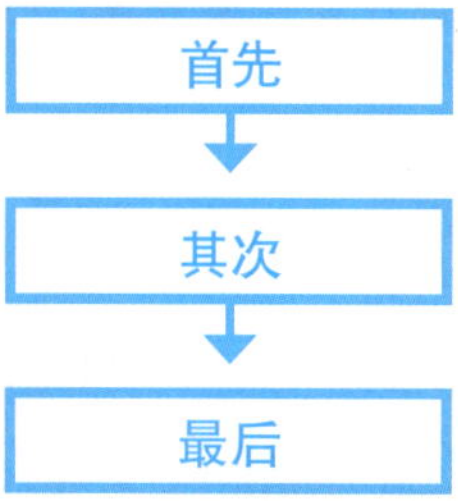

3. **批判性思维** 为什么有些行为，比如吃饭，是遗传的而不是后天习得的？

4. **测试** 哪个动物的变态发育过程经历蛹期？

   A 青蛙　　B 豆娘

   C 蝴蝶　　D 蚱蜢

5. **基本问题** 动物是如何生长和繁殖的？

写作链接

写一个故事

选择一种经历完全变态发育的动物，从动物的角度来写一篇文章，包括动物变态发育的所有阶段。

数学链接

应用题

受精一分钟后，受精卵分裂，它变成了两个细胞，之后细胞保持每分钟分裂一次，需要多长时间可以分裂成64个细胞？

带你认识克里斯托弗·拉克丝沃雷

成年曼特蛙只有约3厘米长。

马达加斯加岛位于非洲东南海岸，这个岛上有世界上其他地方都没有的动植物。克里斯托弗·拉克丝沃雷是美国自然历史博物馆的一名科学家，他花了很多年时间来收集关于这些动物和它们栖息地的信息。

在这个岛上，你可以找到像曼特蛙这样不寻常的生物。曼特蛙以鲜艳的颜色警告捕食者远离它。雌蛙会在陆地上产下20～30个卵，卵被藏在溪流附近潮湿的地方。下雨时，蝌蚪孵化出来。大约一年之后，蝌蚪就会变成蛙。

克里斯托弗在研究两栖动物和爬行动物的栖息地。

枯叶变色龙可以长到9厘米长。

枯叶变色龙也在马达加斯加安家。这种不寻常的动物名称是因为它看起来就像一片枯叶。白天，变色龙躲在雨林地面的枯叶中。晚上，它们会爬到低矮的树枝上睡觉。雌性变色龙在雨林地面的树叶上产下2～3个卵。变色龙幼崽大约在三周后孵化。9到12个月后，它们就成年了。

马达加斯加的热带气候使它成为许多生物的家园，但现在，它们的栖息地遭到了破坏。人们为开垦农田和放牧砍伐雨林。随着雨林的消失，生活在那里的动物也消失了。克里斯托弗和其他科学家都想通过自己的努力，让曼特蛙和枯叶变色龙这样的生物永远不会消失。

瀑布在马达加斯加的热带雨林中很常见。

比对和对比

- 比对是寻找共同点，可以使用“相似”和“都”这样的词。
- 对比是寻找不同点，可以使用“不一样”和“但是”这样的词。

写作

比对与对比　曼特蛙的生命周期与枯叶变色龙的生命周期相比有什么相似之处，又有什么不同之处？

AMERICAN MUSEUM of NATURAL HISTORY

第 2 章 复习和测试

摘要

第 1 课 无脊椎动物是没有脊柱的动物。

第 2 课 脊椎动物是有脊柱的动物。

第 3 课 动物身体的系统能帮助它们完成基本的生命活动。

第 4 课 动物在生命周期中会经历成长和变化的各个阶段。

制作 **折叠式学习卡**

如下图所示，整合折叠式学习卡来回顾本章所学内容。

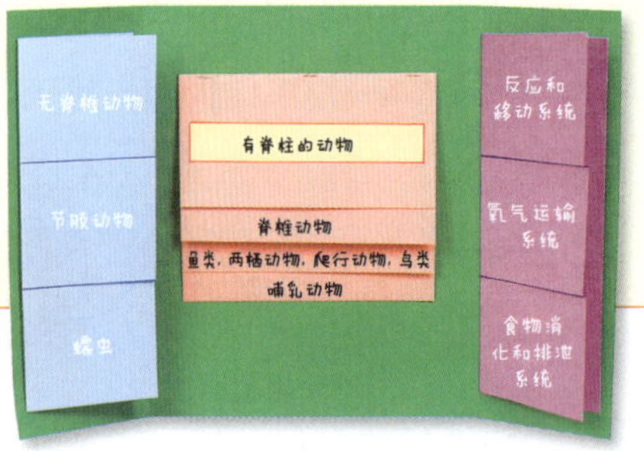

词 汇

DOK 1

从下列词汇中选出最恰当的词进行填空。

鸟类	无脊椎动物
消化系统	变态发育
外骨骼	神经系统
遗传	爬行动物
本能	脊椎动物

1. 每 100 只动物中有 95 只以上都是______________。
2. 在动物体内，食物被______________分解了。
3. 每一个______________都是长有脊柱的动物。
4. 节肢动物有坚硬的________来保护身体。
5. ________是有羽毛的恒温动物。
6. 蝴蝶生长经历了变化的过程叫作____________。
7. 大脑和感觉器官是动物___________的一部分。
8. 蜥蜴是一种冷血的脊椎动物，属于__________。
9. 特征可以由父母________给子女。
10. ________是一种动物不需要学习就会的行为。

科学技能和科学概念

DOK 2~3

请回答下列问题。

11. **中心思想和论据** 循环系统的作用是什么？提供论据来解释你的答案。

12. **分类** 选择本章中的一个动物来讨论。用你所学的知识给它分类，判断它是脊椎动物还是无脊椎动物，是恒温动物还是变温动物，并说明理由。

13. **批判性思维** 鱼是如何控制体温的？

14. **说明文写作** 棘皮动物和节肢动物一样吗？它们有什么不同？请举几个例子。

15. **分类** 在陆地上产卵的变温动物应该归为哪一类脊椎动物？

16. **分类** 哪一类脊椎动物最有可能照顾幼崽？

17. **判断正误** *豆娘经历了不完全变态发育的过程。*这个说法是对还是错？为什么？

18. **判断正误** *所有的鱼都有坚硬的骨骼。*这个说法是对还是错？为什么？

19. 哪个身体系统会把信息传递给其他的身体系统？

A 排泄系统　　B 神经系统

C 呼吸系统　　D 运动系统

大概念

20. 动物之间有什么不同？

表现性评价

DOK 2

做一本无脊椎动物参考书

做一本图画书来展示本章出现的无脊椎动物。

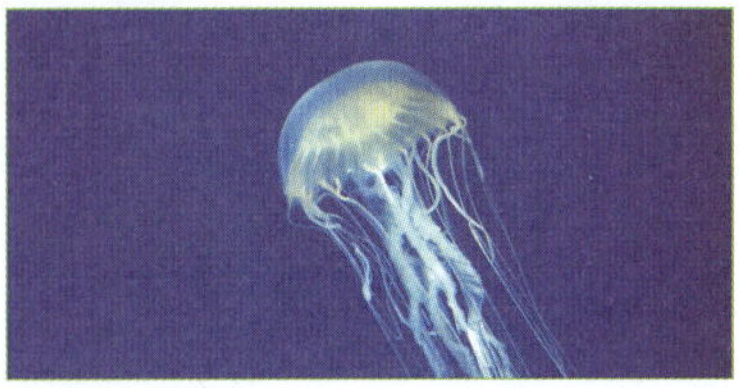

1. 写下你学过的每一种无脊椎动物的名字。
2. 按名字拼音的字母顺序排列无脊椎动物，并在每种动物的名字旁边给它画一幅图。
3. 写下你所了解的有关这个动物所有的信息。
4. 写一段话解释书中两个动物的相同之处和不同之处。

测 试

1 下列哪种动物可以被归类为无脊椎动物？
DOK 1

A 章鱼

B 鸡

C 鹿

D 鹰

2 下面的图片展示了水螅的繁殖，水螅的后代最有可能是什么样的？
DOK 2

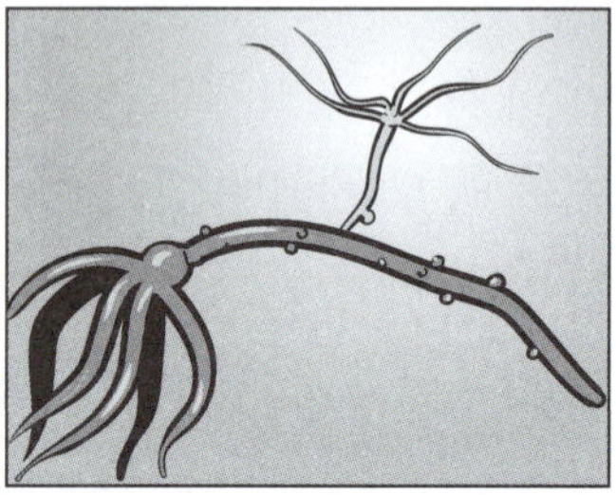

A 没有父母的任何特征
B 带有父母的一些特点
C 带有父母的一半特征
D 带有父母的所有特征

3 在动物身体中，哪个系统负责体内的交流？
DOK 2

A 呼吸系统
B 消化系统
C 运动系统
D 神经系统

4 哪一种动物最有可能照顾它们的幼崽？
DOK 1

A 鸟类　　B 昆虫
C 青蛙　　D 蛇

5 下面哪幅图展示了完全变态发育的过程？
DOK 2

A

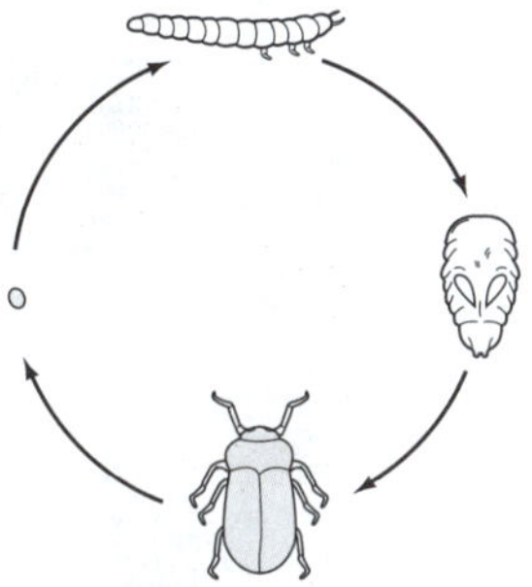

B

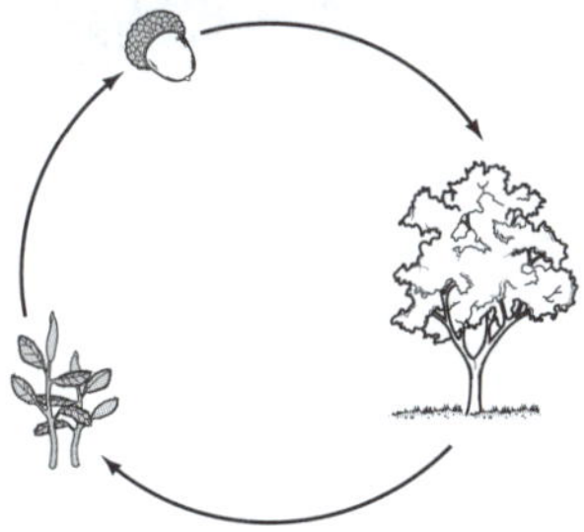

C

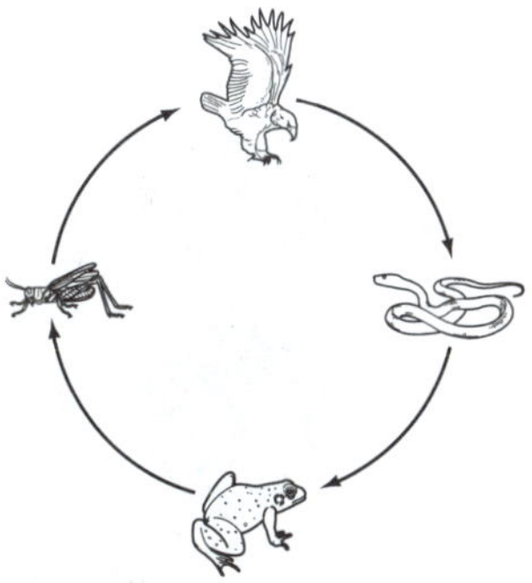

D

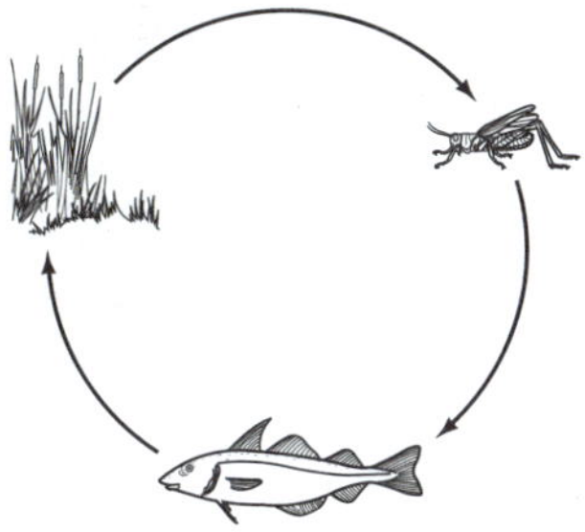

6 下面的图片展示了一条鱼和一只兔子。

鱼

兔子

写出鱼有而兔子没有的两种身体结构的名称。
DOK 1

说出这两种结构是如何帮助鱼在它的环境中生存的。
DOK 2

检 查

问题	对应页码	问题	对应页码
1	82~85	4	96~97，114~118
2	118~119	5	116~117
3	104~108	6	94~98，106~107

动物学家

你热爱小动物吗？如果是，你也许会希望成为一名动物学家。

动物学家研究各种各样的动物。一些动物学家在实验室工作，一些动物学家在动物的自然栖息地研究动物们的日常生活，还有一些动物学家在博物馆或动物园工作。

所有的动物学家都有大学学历，他们中的大多数都拥有不止一个学位。如果这个职业听起来很有吸引力，那么现在就开始科学探索吧！让你的父母或监护人带你去当地的动物园、水族馆或动物收容所参观。你甚至可能在那里遇到一位动物学家。

▲ 动物学家研究生活在自然栖息地的动物。

鸟类饲养员

雕、鹰和猫头鹰有什么共同之处？它们都是猛禽。猛禽用非常敏锐的视力来捕食，它们还有非常强壮的爪子！

在野生动物中心照顾这些鸟的人都是训练有素的鸟类饲养员，一些鸟类饲养员会向游客介绍这些动物。

要成为一名鸟类饲养员，你需要经历严格的训练。你必须学会在不伤害鸟类的情况下抓住它们。你需要喂养它们，让它们保持健康。鸟类饲养员知道如何在这些凶猛的大鸟周围保护自己！

▲ 训练有素的鸟类饲养员在照料鹰。

参考

科学指南

健康指南

测　量

测量的单位

温度

▶ 这支温度计上的温度读作 0℃。

长度

▶ 这个学生身高 1.34 m。

质量

▶ 常用的质量单位有毫克（mg）、克（g）、千克（kg）等。

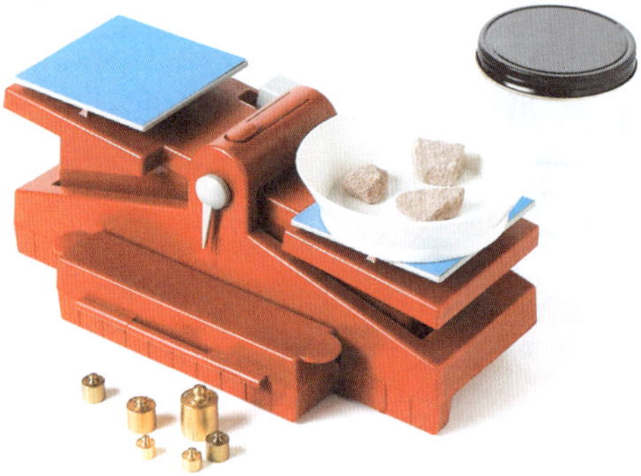

液体的体积

▶ 这瓶水的体积是 2 L。

重力

▶ 这个南瓜质量为 4 kg，受到的重力约为 40 N。

速度

▶ 下图中的同学骑自行车在 50 s 内能移动 100 m。
也就是说，她的车速是 2 m/s。

国际标准单位

温度

水在 0℃结冰，在 100℃沸腾。

长度和距离

10 mm = 1 cm
100 cm = 1 m
1000 m = 1 km

体积

1000 mL = 1 L

质量

1000 mg = 1 g
1000 g = 1 kg

面积

$1\ m^2 = 1\ m \times 1\ m$
$1000000\ m^2 = 1\ km^2$

速度

m/s 读作米每秒。
km/h 读作千米每小时。

力

$1\ N = 1\ kg \times 1\ m/s^2$

测 量

时间

秒表和时钟都可以用来测量时间。秒、分、时、日和年都是时间的单位。

试一试 用秒表计时。

1. 准备一杯水和一片泡腾片。
2. 把泡腾片放入水中，泡腾片接触到水即启动秒表计时。
3. 当泡腾片完全溶解时，停止计时。记录表上的时间。

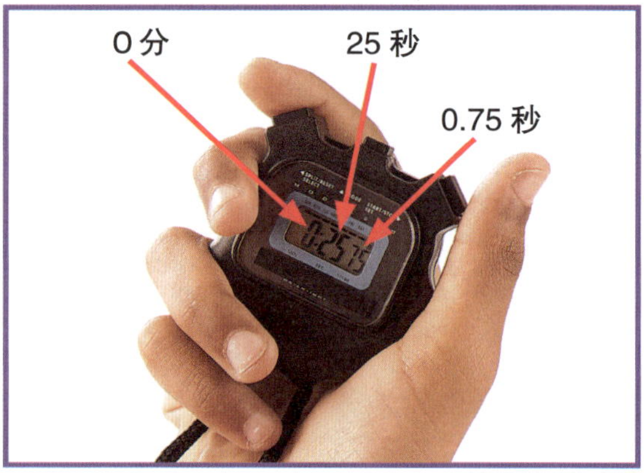

▲ 按下秒表右上角的按钮开始计时，再按一次停止计时。

长度

直尺、卷尺和三角尺都可以用来测量长度。你可以用米来做长度单位，比米小的单位有分米、厘米，比米大的单位有千米。

仔细观察下面这把尺子。每个数字代表 1 厘米。1 米等于 100 厘米。每个数字之间有 10 条竖线，每条线之间的距离是 1 毫米，1 厘米等于 10 毫米。

试一试 用尺子测量长度。

把尺子放在桌上，把铅笔的一端和尺子上的“0”对齐，以厘米为单位，测量铅笔的长度。

◀ 这条毛毛虫的长度是 3 厘米。

液体体积

体积是物体所占空间的大小。烧杯、量杯和量筒都可以用来测量液体的体积。这些容器的单位是毫升。

试一试　用量筒测量液体体积。

1. 收集一些形状和大小不同的空塑料容器。
2. 用一个量筒来测量每个容器能容纳的水量。首先，将量筒注水至最高刻度，然后将水倒入容器中。重复这一过程一直向容器倒水，直到容器装满水，记录下向容器中倒的水量。

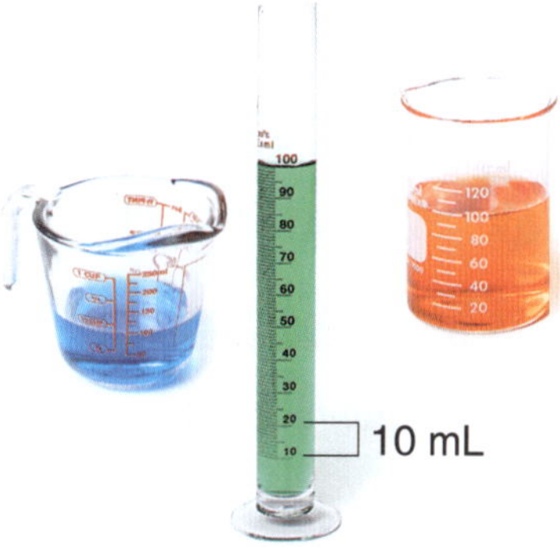

▲ 这个量筒一次最多能测量100毫升的液体。每个数字之间相差10毫升。

质量

质量可以表示某个物体含有物质的多少。天平可以用来测量质量。要知道物体的质量，你需要把它与已知质量的物体进行比较。人们常用的质量单位是“克”“千克”。

试一试　用天平测量质量。

1. 把一盒蜡笔放在天平的一端。
2. 把砝码放在另一端，逐渐增加砝码，使天平平衡。
3. 把砝码表示的质量加起来就是这盒蜡笔的质量。

测 量

力/重力

通过测量力可以知道推或拉的力量。力的计量单位是牛顿（N），弹簧测力计是用来测量力的工具。物体受到重力作用，是因为地球在拉物体。因此，像其他力一样，重力也可以用弹簧测力计测量。

试一试　用弹簧测力计测量物体的重力。

1. 取出弹簧测力计，在底部的钩子上挂上一个小物体。
2. 轻轻地把手从物体上移开，等弹簧测力计指针静止为止。
3. 观察上面的读数。这个读数就是这个物体所受的重力。

温度

温度是指物体的冷热程度，它可以用温度计来测量。摄氏度（℃）是目前世界上使用较为广泛的温度单位。也有一些国家使用华氏度（℉）测量温度。

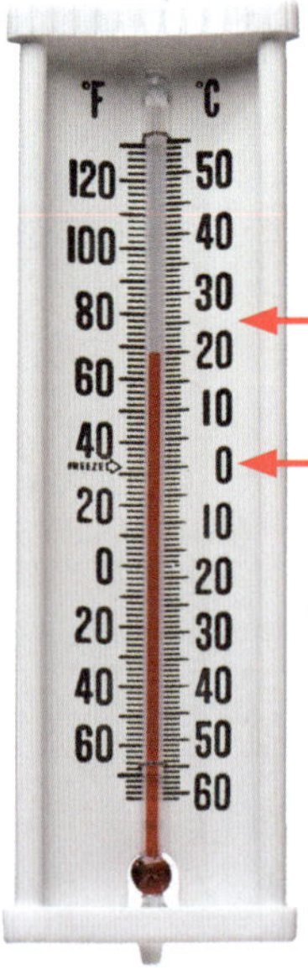

温度计上既标摄氏温度，也有华氏温度。

试一试　用温度计测量温度。

1. 把烧杯装满冰水，然后把温度计插入冰水中。
2. 等待几分钟。读出温度计内红色液体顶端旁边的数字，这就是这杯水的温度。
3. 用热水重复以上步骤。

科学工具

显微镜

显微镜是一种能“放大”微小的物体，使人更容易观察的设备。显微镜能将物体放大成百上千倍。右图展示的就是一台显微镜。图中也标出了显微镜的各个组成部分。

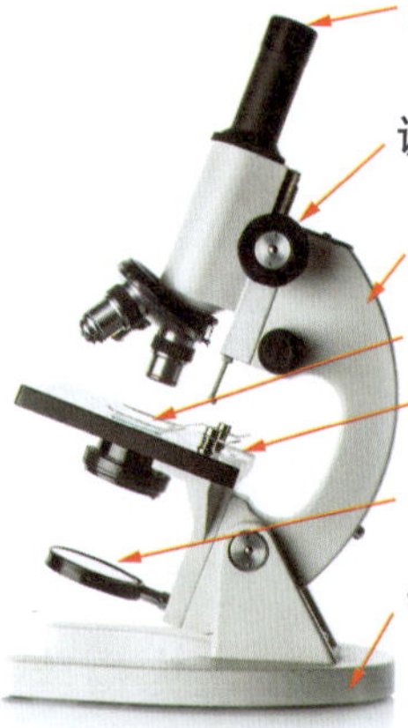

试一试　用显微镜检查盐粒。

1. 调节显微镜底部的聚光镜，让它把光反射到载物台上。⚠**小心！切勿把聚光镜对准强光或太阳，这会对眼睛造成永久性伤害。**
2. 在载玻片上放上几粒盐，把载玻片夹在压片夹下面，确保盐粒位于载物台小孔的正上方。
3. 透过目镜观察盐粒。慢慢调节调焦螺旋，直至能看清盐粒。把你看见的画面画下来。

放大镜

放大镜是另一种可以放大物体以帮助观察的工具。虽然没有显微镜的功能强大，但是放大镜仍然可以帮助你看清物体的一些细节，而这些细节单凭眼睛是没法看到的。

试一试　用放大镜观察小石块。

1. 仔细观察小石块。为你的小石块画一幅“肖像画”吧。
2. 用放大镜观察小石块，这样就能够看清楚小石块表面的细节了。
3. 在你的画上加上你刚才没有看到的细节。

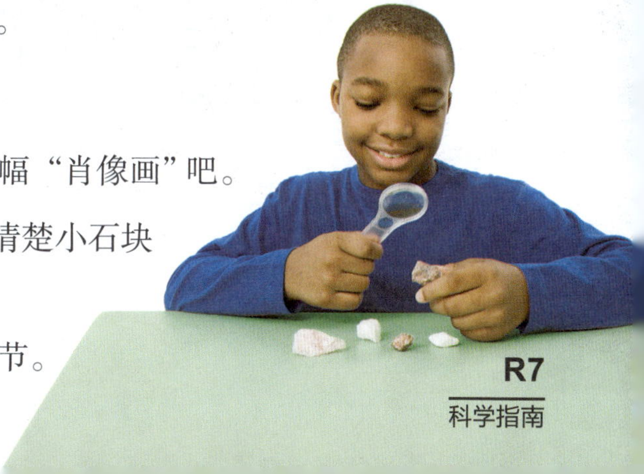

计算器

有时在实验中，你必须对数字进行加、减、乘、除等运算。这个时候就需要用到计算器了。

试一试　把华氏度（°F）转换为摄氏度（℃）。

212 华氏度时，水沸腾了。用计算器把华氏度转化为摄氏度。

1. 按下 ON 键，输入 212。
2. 输入－32。
3. 输入 ×5。
4. 输入 ÷9，按下＝。输出的数字就是转换成的摄氏度。

现在，试着把100华氏度转换为摄氏度吧。

照相机

在实验或自然研究中，照相机有助于观察和记录事物随时间发生的变化。有些变化发生得非常快或非常慢，仅凭肉眼很难观察到，这个时候我们可以借助照相机来记录这些变化。照片可以帮助我们了解这一段时间内到底发生了什么。

试一试　用照相机收集数据。

下面的照片展示了一只熊猫出生 8 天后的样子和成长了几个月后的样子。你注意到了什么？熊猫在这几个月里发生了什么变化？现在想一下其他随时间变化的事物。照相机需要在成人的指导下使用。尝试多拍几张照片，然后比较你拍到的照片。

电脑

电脑有多种用途。你可以用电脑获取信息，也可以用电脑写报告、展示信息。

互联网把你的电脑和世界各地的电脑连接在一起，所以你可以收集各种各样的信息。使用互联网时，请只访问安全可靠的网站，可以寻求教师或者家长的帮助。你在上网时，不要泄露自己的相关信息。

试一试 用电脑做研究。

1. 选择一个地方作为研究对象。然后利用互联网了解这个地方。这个地方位于世界的哪里？这个地方的气候如何？有什么样的动植物？
2. 利用图书馆或其他资源，了解这个地方的更多信息。
3. 用电脑写一份关于这个地方的报告。

整理数据

制图

地图

地图是能反映一个地区概况的图画。许多地图在边缘标示有数字和字母。字母和数字能帮助你迅速找到位置。例如，图书馆位于下图中的D7。为了找到它，将一根手指放在地图左边的D上，另一根手指放在顶端的7上，两根手指分别朝右、朝下移动，直至相遇。现在试着找找G3，那里是什么地方？

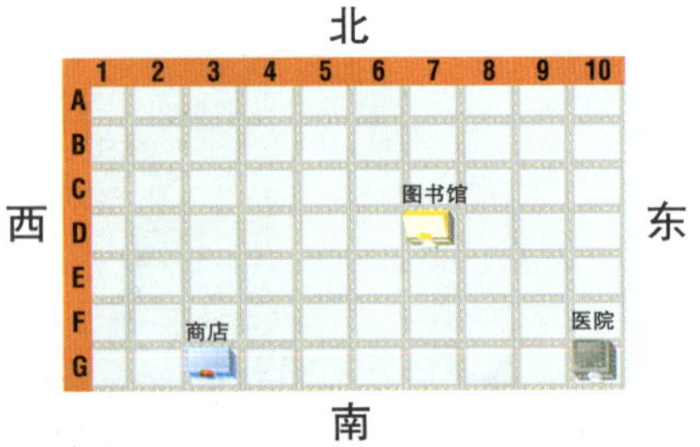

试一试 制作一张地图。

为你的社区画一幅地图吧。这幅地图应该包括你家附近的公园和你的学校。在顶端和侧面分别标上数字和字母。用指南针找到北方，然后在地图上标出北方。

概念图

地图表示各个地方之间的联系。概念图展示的是概念与概念之间的关系。概念图可以帮助你组织关于某一个主题的相关信息。

观察下面的概念图。它将水的概念联系了起来。这张图显示，地球上的水可以分为淡水和咸水，淡水有三种来源，也可以看到河流和咸水之间没有联系。也就是说，河里流动的绝不会是咸水。

试一试 制作一张概念图。

为你正在学习的科学主题制作一张概念图。这张图里要有相关的词语或句子。按照合适的方式排列概念图，用它帮助你理解概念之间的联系。

制作概览表

概览表可以用于记录和整理实验过程中收集到的信息，便于分析信息。在概览表中，你可以固定每一列内容来组织数据，也可以固定每一行内容来组织数据，但是不能同时用行和列来组织数据。这张概览表就是用列来组织数据的：第一列列出了生物，第二列列出了非生物。

生物	非生物
树	岩石
老鼠	水坑
鸟	云

试一试 **将数据组织到概览表中。**

在班里做个调查，了解每位同学最喜欢的宠物，制作一个概览表来展示你收集到的信息。你觉得这张概览表里每行或每列的内容应该各代表什么？

制作表格

表格可以组织数据或信息，它有行和列。标题可以告诉你每行或每列包含的信息。

下表显示了一些矿物的性质。表中哪种矿物有金属光泽？哪些矿物可能是白色的？

试一试 **用表格组织数据。**

从教师那儿拿一些矿物。观察每种矿物的性质，制作一个如下表所示的表格。使用相同的列标题，记录每种矿物的性质。

矿物的性质

	硬度	光泽	颜色	其他
黄铁矿	6～6.5	金属	浅黄铜色	又称为“愚人金”
石英	7	非金属	无色，白色、黑色、褐色、紫色、棕色	
云母	2～3	非金属	白色、黑色、绿色、金色、红色	
长石	6～6.5	非金属	无色，白色、黄色、绿色、灰色、黑色、粉红色	
方解石	3	非金属	无色，蓝色、黄色	遇稀盐酸剧烈反应产生气泡

整理数据

制作图表

图表有助于组织数据，使人更容易发现信息的趋势和规律。图表有多种类型。

条形图

条形图用条形来展示数据。如果想为你的城市找到最热和最冷的月份，你该怎么做？在报纸或网上，你能找到每个月的平均气温。用竖条的高度来表示温度，这样容易进行比较。

月份	平均气温
一月	6℃
二月	8℃
三月	10℃
四月	13℃
五月	16℃
六月	19℃
七月	22℃
八月	20℃
九月	19℃
十月	14℃
十一月	9℃
十二月	7℃

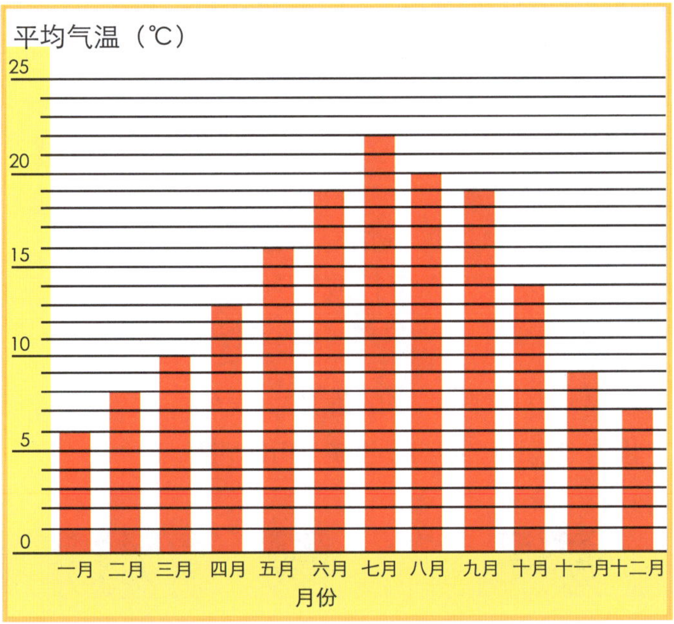

1. 四月的平均气温是多少？把手指放在四月对应竖条的顶部向左移至纵坐标轴就能找到它的平均气温。
2. 找出图上的最高的竖条，你就找到了平均气温最高的月份，这是几月？这个月平均气温是多少？
3. 根据这张条形图，从一月到十二月，气温有什么变化？

象形图

象形图用符号或图案来表示信息。在统计了你家人每天的用水量之后，你该如何将你收集到的数据展示给家人看呢？

每日用水量（单位：升）	
饮用	10
淋浴	100
泡澡	120
刷牙	40
洗碗	80
洗手	30
洗衣物	160
冲洗厕所	50

你可以将这些信息组织成象形图。在下面的象形图中，每个桶代表 20 升水。半桶代表 10 升水。

1. 什么活动用水量最大？
2. 什么活动用水量最小？

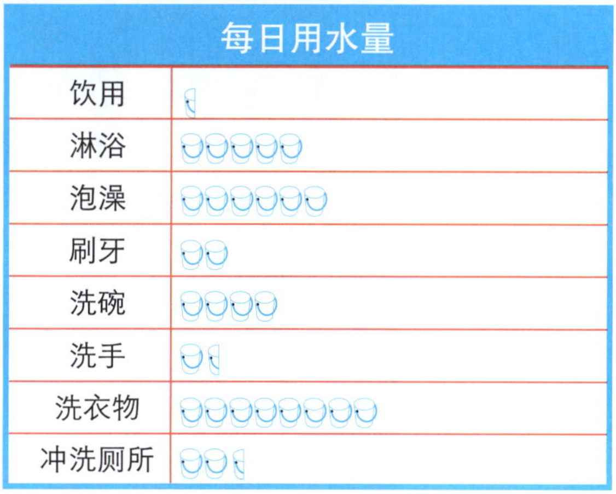

每个水桶 = 20升水

折线图

折线图可以展示出随着时间的变化出现的变化。如果在实验中收集了每天从早上到中午的气温变化，你打算怎样展示收集到的这些数据呢？

时间	气温（单位：℃）
6 A.M.	10
7 A.M.	12
8 A.M.	14
9 A.M.	16
10 A.M.	18
11 A.M.	20

可以按照以下的步骤，用折线图来组织你的数据。

1. 在图的底部和侧面画出数轴，写下横轴名和竖轴名。
2. 将每小时测量的气温画到图上。
3. 把这些点依次连接起来。
4. 看图，你觉得每天上午的气温是怎样随着时间的变化而变化的？

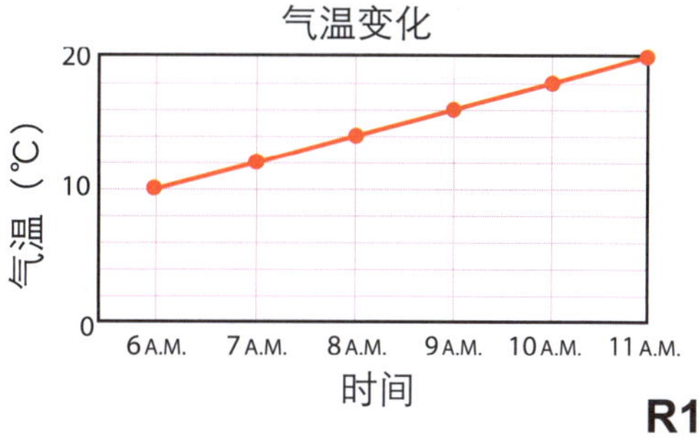

骨骼

摸摸你的手肘、手腕和手指，那些硬硬的部分是什么？答案是骨头！身体里的各块骨头彼此相连，构成了骨骼。骨骼与其他组织协调合作，使人体内各种复杂的生命活动能够正常进行。

成人有 206 块骨头。每块骨头都有其特殊的功能：长而结实的腿骨支撑着身体的重量，头骨保护大脑，髋骨有助运动。多亏骨头们的通力合作，我们才能保持身体的活力和健康。

- **骨骼支撑着身体，保持着身体形状。**
- **骨骼保护着大脑等身体的器官。**
- **骨骼和肌肉共同工作，让我们可以自由运动。**
- **骨骼储存矿物质，并为身体产生血液。**

关节

关节是两块或两块以上骨头接合的地方，关节有三种主要类型：不动关节位于骨骼紧密接合不能移动的地方，头骨的 29 块骨头就是靠不动关节相连接的；半活动关节相连接的骨头可以发生轻微的位移，肋骨和胸骨就是靠半活动关节相连接的；像膝盖那样需要大量活动的地方，骨头和骨头之间靠动关节相连接——这样的连接可以让我们活动自如。

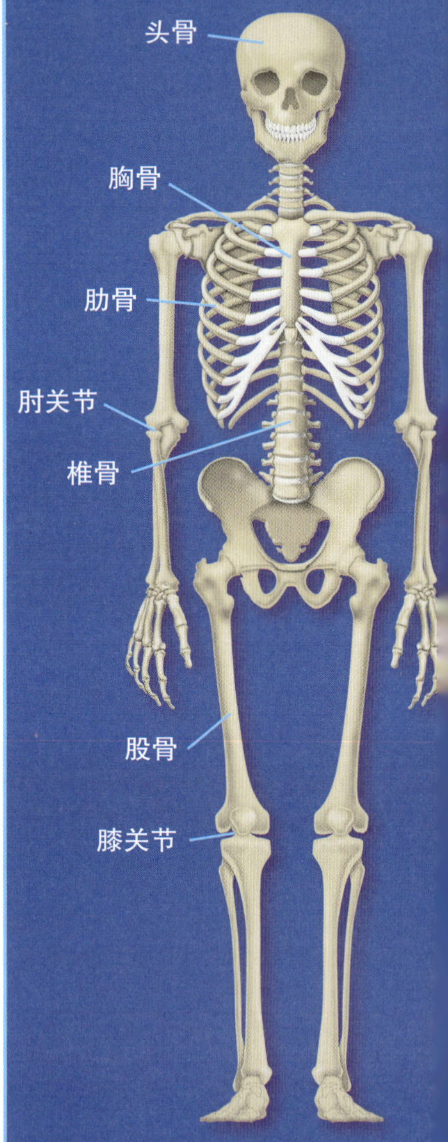

肌肉

肌肉帮助身体运动。没有肌肉，你就不能跑步、微笑、呼吸，甚至不能眨眼。

大部分肌肉附着在骨骼和皮肤上，这些肌肉叫作骨骼肌。为了来回移动骨骼，骨骼肌通常成对运动——每一根骨头都由不同的肌肉向不同的方向牵引。当你想移动时，你的大脑会向一对骨骼肌发送信息，一块肌肉收缩（也就是变短），它牵拉骨头和皮肤移动，和它对应的另一块肌肉则放松（也就是变长）。

▲ 你的脸上有 53 块肌肉。微笑时，会用到其中 12 块。

◀ 当这个男孩屈肘时，他的肱二头肌收缩，肱三头肌放松。

有些肌肉甚至在你不知道的情况下仍在工作。心脏也是由肌肉构成的，哪怕在睡觉的时候，心脏也可以源源不断地把血液输送至全身。睡觉时肺部的肌肉也不会停止工作，它会帮助你保持呼吸；胃部的肌肉在这个时候也仍然会帮助你消化食物。

循环系统

人体细胞的生存离不开必要的氧气和营养物质。循环系统负责将这些物质输送到全身。心血管系统是循环系统的一部分，由心脏、血管和血液组成。富含氧气的血液从肺部流向心脏。心脏是一个拳头大小的器官，它每分钟跳动 70 ～ 90 次，将血液泵入血管。

血管是输送血液的管道。血管有两种主要类型：动脉是可以把血液从心脏输送到全身各部分的血管，静脉则是把血液从身体各部分输送回心脏的血管。

血液由血浆、红细胞、白细胞和血小板等组成。血浆是血液的液体部分，它负责携带细胞生长所必需的营养物质；红细胞则负责携带氧气。红细胞和血浆也会将二氧化碳等废物带离细胞。白细胞能帮助我们对抗疾病。当你受伤出血时，血小板可以防止流血过多。

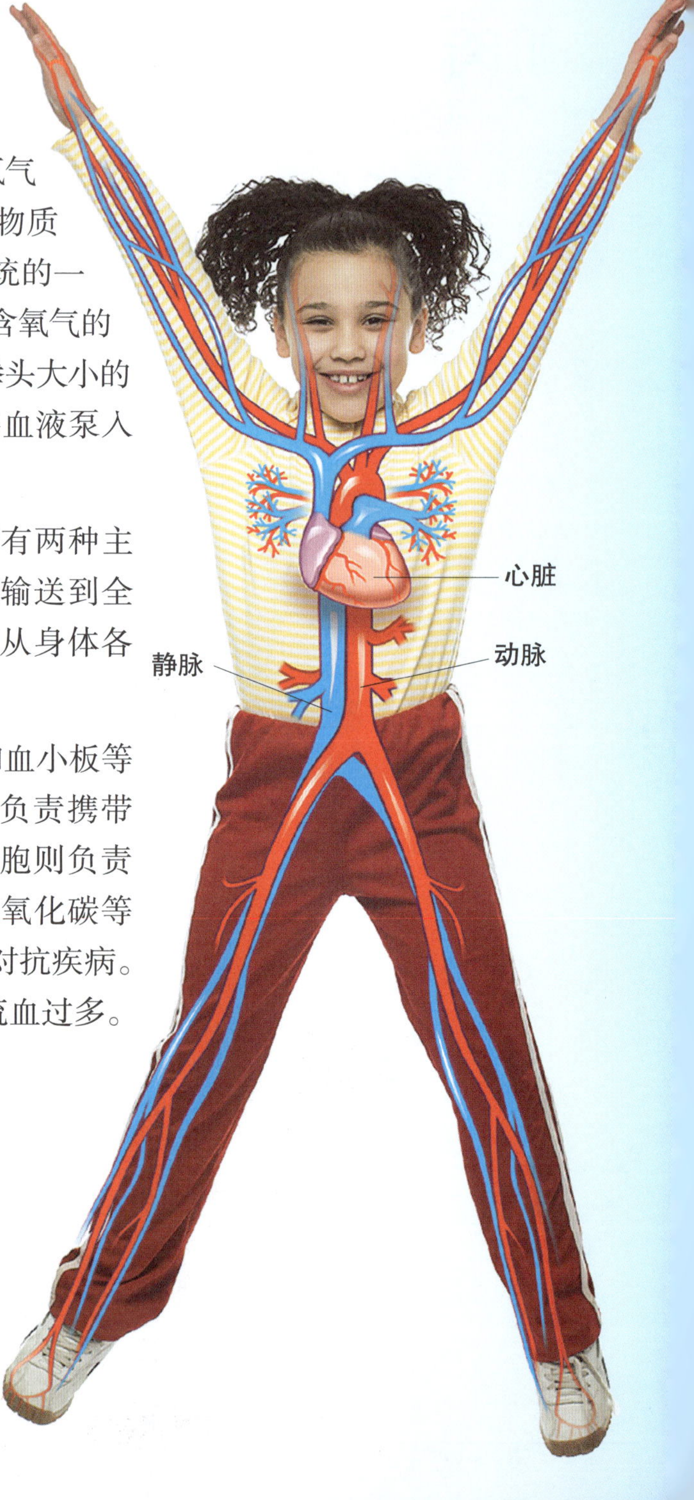

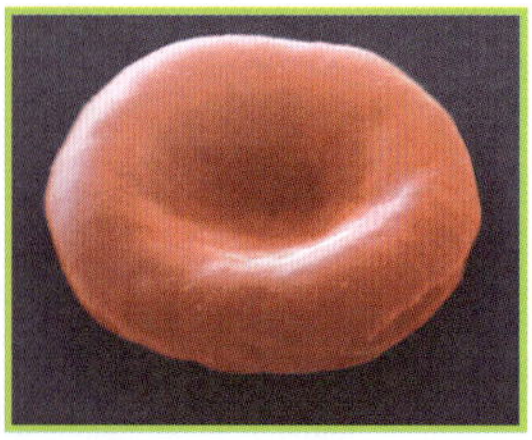

这是显微镜下的红细胞。

呼吸系统

呼吸系统帮助人体吸入氧气，呼出二氧化碳和水蒸气。你体内的所有细胞都需要氧气才能正常工作。当你呼吸时，你从空气中吸入氧气。

每次呼吸时，位于腹部的一块叫作隔膜的肌肉会收缩，这就为肺部腾出了空气的空间。空气是通过鼻子或嘴巴进入你的身体的，鼻子和嘴巴都连接着喉，空气通过喉进入气管。

在胸部，气管分出两根支气管，每根支气管通向一个肺。在每个肺内，支气管又分成更小的细支气管。在每根细支气管的末端有数百万个微小的肺泡。在这里，红细胞释放二氧化碳（一种废气），并吸收氧气。当你呼气时，隔膜放松，这会让肺部收缩，通过鼻子和嘴巴将二氧化碳排出体外。

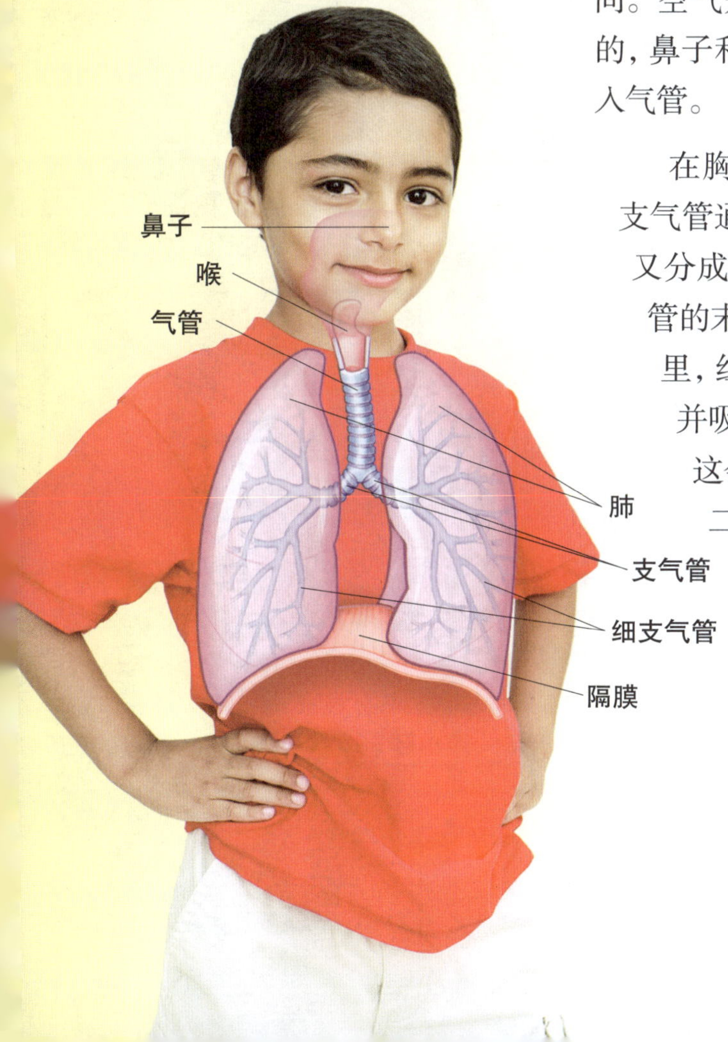

消化系统

消化系统负责将食物分解成人体可以利用的营养物质。从你把食物放进嘴里的那一刻起，消化过程就开始了：咀嚼可以把食物切成小块，并用唾液将其湿润；唾液有助于食物在吞咽时顺畅地流动；食物沿着食管进入胃中。

在胃里，食物和强酸性的胃酸混合在一起，胃酸可以促进食物进一步被分解，使身体更容易从食物中吸收营养物质。

食物经胃进入小肠。小肠是人体吸收营养物质的地方。在人体内紧密盘绕着的小肠是一根大约 6 米长的细管。在食物通过小肠的过程中，营养物质被吸收到血液中，然后血液将这些营养物质输送到身体的其他部位。

消化后的食物从小肠进入大肠。大肠从剩余的食物中吸收水分，然后将剩余的食物残渣作为废物排出体外。

排泄系统

排泄系统帮助排出细胞中的废弃物。废弃物是身体不需要的物质，如多余的水和无机盐。肝脏、肾脏、膀胱、皮肤都是排泄系统的组成部分。

肝脏、肾脏和膀胱

肝脏过滤血液中的废弃物，它将废弃物转化为一种叫作尿素的化学物质，并将尿素输送到肾脏。肾脏将尿素转化为尿液的一部分。尿液从肾脏流向膀胱，并储存在膀胱中，最后通过尿道排出体外。

皮肤

人出汗时，皮肤就在参与排泄。汗腺在皮肤的内层产生汗液。汗液通过皮肤的外层释放出来。流汗使我们的身体温度常年保持在 37℃左右。

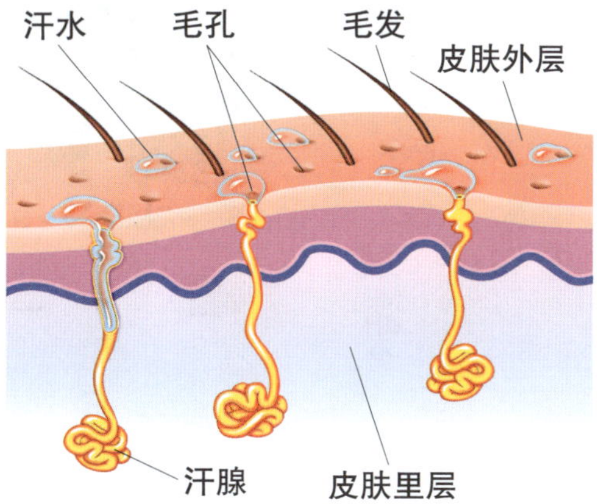

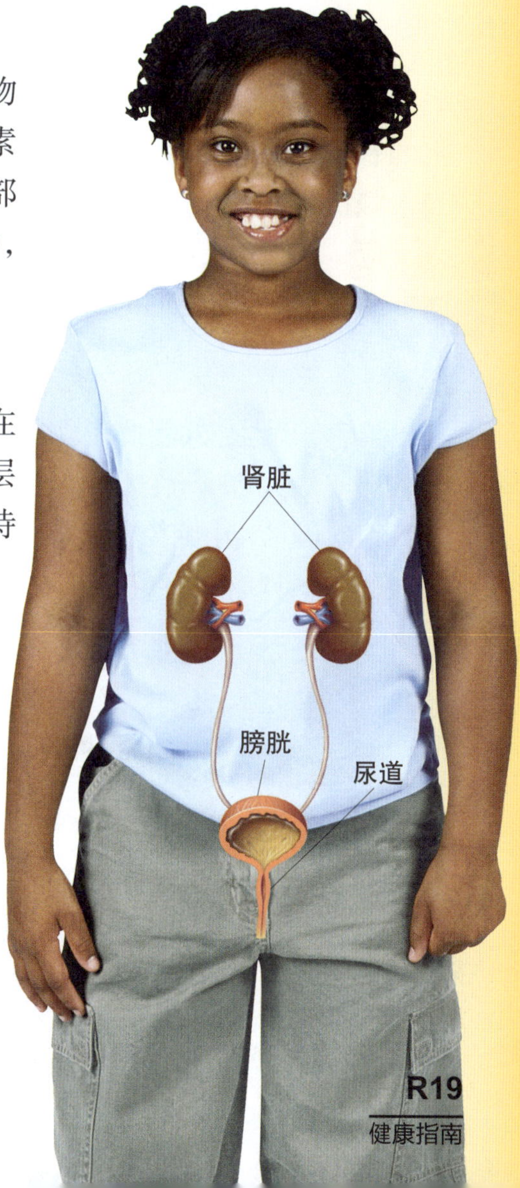

神经系统

神经系统负责接收和回应信息，它控制着肌肉，帮助身体平衡，让人思考、感觉，甚至做梦。

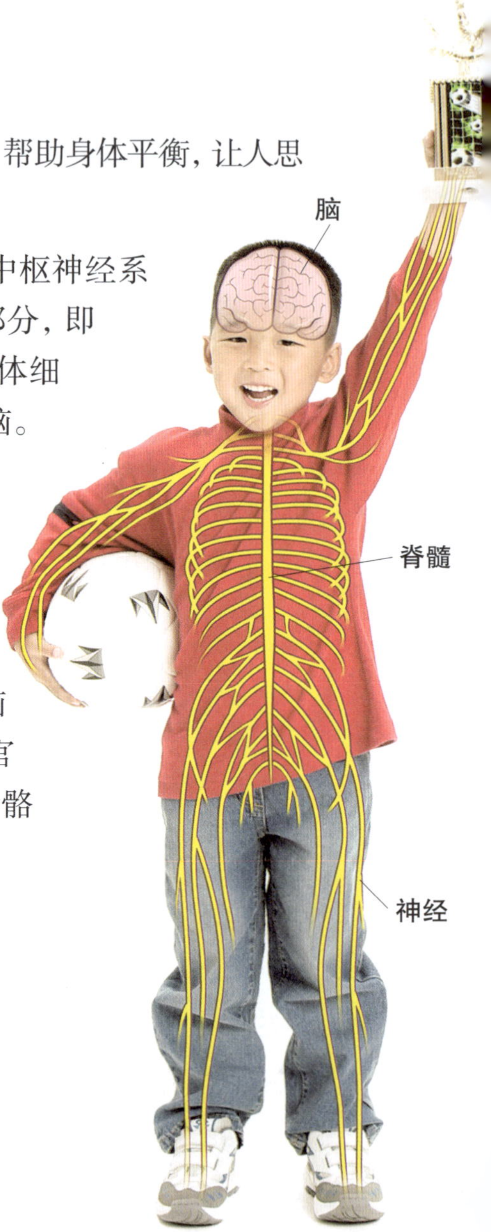

神经系统由两个主要部分组成：第一部分是中枢神经系统，由脑和脊髓组成；所有其他的神经组成第二部分，即周围神经系统。周围神经系统的神经接收来自身体细胞的感觉信息，并通过脊髓将这些信息传给大脑。当大脑接收到这些信息后，就会决定身体该做什么反应。之后，大脑发出信息，并通过脊髓传递回神经末梢，然后我们的身体就会做出反应。

脑

脑有三个主要部分：大脑、小脑和脑干。大脑是脑部的最大部分，它储存记忆，并负责处理感官接收到的信息；小脑控制身体平衡，它负责指导骨骼肌；脑干与脊髓相连，它控制心跳、呼吸和血压。

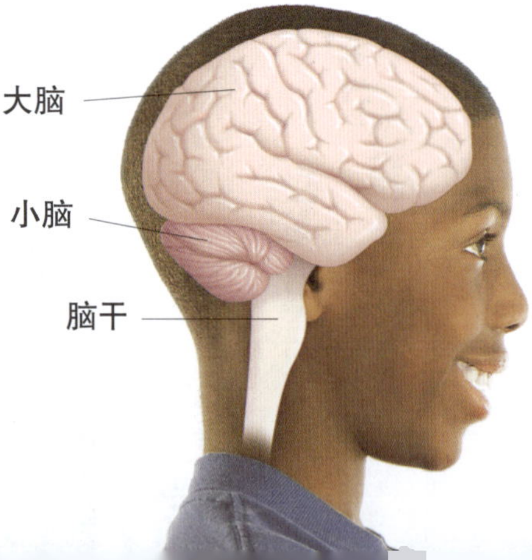

神经

人体通过不同的神经从环境中获取信息——神经负责身体的视觉、听觉、嗅觉、味觉和触觉。

视觉

光从物体（如叶子）反射到眼部，通过虹膜中的瞳孔进入眼睛。眼睛里的细胞把光转变成电信号，电信号通过视觉神经被传递到大脑。

听觉

声波进入外耳，到达鼓膜并使其振动。耳朵里的细胞把鼓膜的振动转换成电信号，这些信号沿着听觉神经传到大脑。

嗅觉

呼吸时，空气中的化学物质与鼻子上部的黏液混合在一起。当它们到达鼻子中的特定细胞时，这些细胞就会通过嗅觉神经向大脑发送信息。

味觉

舌头上有一万多个小疙瘩，这些小疙瘩叫作味蕾。每个味蕾都有五种主要的味觉——酸、甜、苦、咸、鲜。味蕾通过神经向大脑发送信息。

触觉

皮肤上遍布的神经细胞会给身体带来触觉。它们帮助人们区分冷、热，干、湿，软、硬等，每个细胞都将信息发送到脊髓，脊髓再将信息发送到大脑。

免疫系统

免疫系统保护身体不受微生物的侵害。大多数疾病和感染都是由微生物引起的，而免疫系统能够阻止微生物进入人体。皮肤、眼泪和唾液都是免疫系统的组成部分，它们的作用是杀死微生物并阻止它们进入人体。

当微生物进入我们的身体时，白细胞会试图杀死它们。白细胞是血液的一部分，它们可以在血管和淋巴管之间穿梭。淋巴管类似于血管，但是它里面流淌的不是血液，而是一种叫作淋巴的液体。淋巴结中有大量的白细胞。在那里，它们可以过滤出有害物质。

遗憾的是白细胞的能力有限，不可能在微生物开始繁殖之前杀死所有的微生物。如果白细胞不能及时阻止微生物的繁殖，你就会感到不舒服。这时候，免疫系统里的其他组成部分也会被调动起来去杀死微生物，直到你恢复健康。

显微镜下的白细胞。

病毒和细菌

▲电子显微镜下的流感病毒。

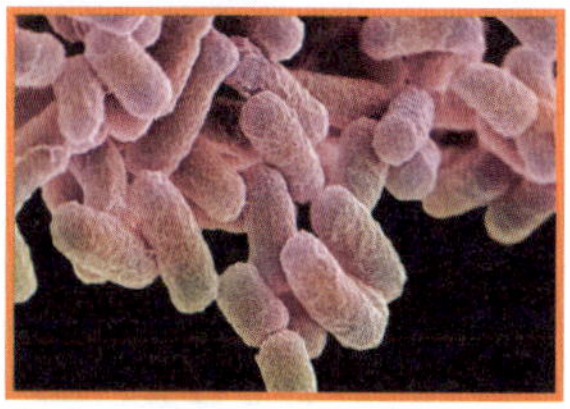

▲电子显微镜下的大肠杆菌。

导致人体生病的元凶之一是病毒。流感是由病毒引起的。病毒还可能引起许多比流感严重得多的疾病。病毒本身很小，小到甚至不能用普通的显微镜来观察它。我们需要借助一种特殊的设备才能看到病毒。这种设备叫作电子显微镜。

病毒需要生活在活细胞内部，这样的活细胞称为病毒的宿主。当病毒繁殖时，它们从宿主那获取营养和能量，并可能产生有害物质，使身体发痒或发烧。

细菌也能使人生病。细菌是微小的单细胞生物，它们可以生活在大多数细胞表面，并能够在细胞外繁殖。有些细菌会对身体产生有害影响，然而，有些细菌对身体是有益的，例如，体内的一些细菌可以帮助消化食物。

要想帮助身体抵御细菌和病毒，以下是你能做的事情：

▶ 健康饮食。这有助于身体获得保持健康所需的营养。健康的身体能更好地抵抗细菌和病毒。

▶ 坚持锻炼。坚持锻炼让你的身体更强壮，强壮的身体能更好地抵抗细菌和病毒。

◀ 每年做一次体检。确保你接种了合适的疫苗。服药时，请谨遵医嘱。

◀ 保证充足的休息。你每晚需要 10 小时的睡眠时间。睡眠有助于修复你的身体。生病时更需要多休息。

▶ 不要与他人共用杯子和餐具。细菌可以附着在你接触的物体上。勤洗手，尤其是在吃东西和喝水前。通过洗手，你可以杀死细菌，让有害物质更难进入身体。

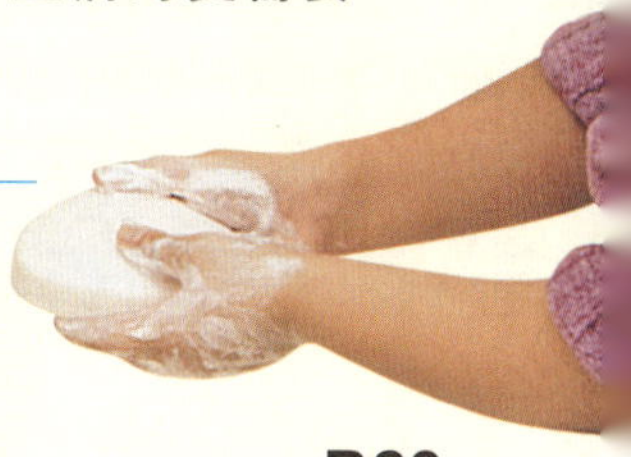

营养物质

营养物质是食物中可以帮助身体生长，为身体提供能量并能帮助我们保持健康的物质。均衡地选择膳食，身体才会得到所有所需的营养。

营养物质可以分为七大类：碳水化合物、维生素、矿物质、蛋白质、水、脂肪和膳食纤维。每种营养物质都对身体有帮助。

碳水化合物

碳水化合物是能量的主要来源。淀粉和糖都是碳水化合物。面包、面条和各种谷类食品中都富含淀粉。这一类食物可以为我们的身体提供能量。水果富含糖分，所以多吃水果也可以为我们的身体提供必要的能量。

碳水化合物

维生素

维生素有助于保持身体健康，有助于体内生成新的细胞。下表罗列了一些维生素的功能及其来源。

维生素	来源	益处
A	牛奶、水果、胡萝卜、绿色蔬菜	保持眼睛、牙齿、牙龈和头发的健康
C	橘子、橙子、草莓、番茄	帮助保持心脏、细胞和肌肉的健康
D	牛奶、鱼、蛋	帮助保持牙齿和骨骼强壮

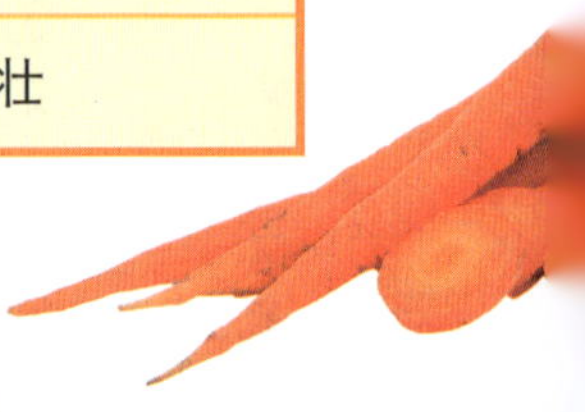

矿物质

矿物质有助于形成新的骨骼和血液细胞。它们还能帮助肌肉和神经系统正常工作。下表罗列了一些矿物质的功能及其来源。

矿物质	来源	益处
钙	酸奶、牛奶、奶酪、绿色蔬菜	强健牙齿和骨骼
铁	肉类、豆类、鱼类、谷物	帮助红细胞维持功能
锌	肉、鱼、鸡蛋	帮助身体成长和恢复

脂肪

脂肪能帮助身体高效地利用其他营养物质并储存维生素。因此，脂肪可以帮助身体细胞正常工作。脂肪还可以帮助身体保持温暖。肉类、蛋类、牛奶、黄油和坚果中都富含脂肪。食用油中也含有脂肪。虽然脂肪对身体是有益的，但脂肪摄入过多也会引起健康问题。

脂肪

水

水是最重要的营养物质之一，人体中水的质量约占人体总质量的三分之二！细胞的主要成分是水。水可以帮助身体排出废物、保护关节，它还能防止体温过高。

蛋白质

每一个活细胞里都有蛋白质。蛋白质不仅有助于骨骼和肌肉生长，还能帮助免疫系统对抗疾病。高蛋白的食物有牛奶、鸡蛋、肉、鱼、坚果和奶酪。

蛋白质

膳食纤维

膳食纤维是指不能被人体消化吸收的多糖类及木质素。

在消化系统中，膳食纤维有吸收水分的作用；能增加肠道及胃内的食物体积，可增加饱腹感；又能促进肠胃蠕动，可舒解便秘；同时膳食纤维也能吸附肠道中的有害物质，让人能以粪便的形式将它们排出体外；还可以改善肠道菌群，为益生菌的增殖提供能量和营养。

蔬菜、水果、粗粮、豆类以及菌类食物中富含膳食纤维。

保持健康

食物金字塔

你可以把食物金字塔作为健康饮食的指南。食物金字塔会告诉你五组食物群中，每天每一组食物群的食物应该吃多少。所谓食物群，是指一类营养成分类似的食物。我们要多吃金字塔中底部较大部分的食物，少吃金字塔顶部较小部分的食物。

远离烟酒

不要吸烟、吸毒或饮酒。这些东西都会伤害你的身体，阻碍身体健康成长。

健康运动

每天需要运动至少 60 分钟。运动会使身体变得更健康。身体健康时，心脏、肺、骨头、关节和肌肉才会强壮。保持健康的体重，可以降低患病的风险。

不一定非要参加足球队才能保持健康——只需要多多运动，跑步、骑自行车和游泳都是锻炼身体的方式。

《科学启蒙（第二版）》版权声明

科学启蒙（第二版） 生物 ④

McGraw-Hill Education
Science A Closer Look
Living Things
978-0-02-135614-0

浙江省版权局著作权合同登记号：11–2018–537

图书在版编目（CIP）数据

科学启蒙 : 第二版. 生物. ④ / (美) 杰伊·哈克特等著 ; 张俊等译. -- 杭州 : 浙江教育出版社, 2020.3（2021.4 重印）
ISBN 978-7-5536-7948-8

Ⅰ. ①科… Ⅱ. ①杰… ②张… Ⅲ. ①科学知识－少年读物②生物－少年读物 Ⅳ. ①Z228.1②Q-49

中国版本图书馆CIP数据核字(2020)第024611号

科学启蒙（第二版）
KEXUE QIMENG (DI ER BAN)
生　物④
SHENGWU 4

出版发行　浙江教育出版社（杭州市天目山路40号　电话：0571-85170300-80928）
原 著 名　SCIENCE A CLOSER LOOK
LIVING THINGS
本册翻译　张　俊　邓小耶　王　艳
审　　定　郝京华
图片来源　海洛创意
责任编辑　杨　艳
文字编辑　严嘉玮
封面设计　韩　波
责任校对　赵英梅
责任印务　沈久凌

图文制作　杭州兴邦电子印务有限公司
印　　刷　杭州富春印务有限公司
开　　本　787mm×960mm　1/16
印　　张　10.5
字　　数　210 000
版　　次　2020年3月第1版
印　　次　2021年4月第3次印刷
标准书号　ISBN 978-7-5536-7948-8
定　　价　36.00元